METHODE PRATIQUE D'HYPNOTISME

W.J. OUSBY

AMARANDE

Genève • Paris • Montréal

TITRES PARUS

Amarande bleu

- Je réussis ma SARL
  Véronique Génin, Eric Chambaud

- Je réussis mon entretien d'embauche
  *Jean-Pierre Thiollet,
  Marie-Françoise Quignard-Peyrucq*

- C.V. Les lettres-clés de ma carrière
  *Jean-Pierre Thiollet,
  Marie-Françoise Quignard-Peyrucq*

Amarande violet

- Trésors et secrets de Montségur
  W.N. Birks, G.A. Gilbert

- Méthode pratique d'hypnotisme
  W.J. Ousby

- Initiation aux secrets de la magie
  Israël Regardie

- Le langage secret du sommeil
  Comprendre vos rêves
  Nerys Dee

- Les secrets de votre thème astral
  Sheila Geddes

METHODE PRATIQUE D'HYPNOTISME

W.J. OUSBY

Copyright © 1991
Editions Amarande
Genève - Paris - Montréal

ISBN 2-883 99-049-2

Adaptation française : Jean-Marie Merle, Nicolas Blot,
Anne-Marie Colonna et Annie Langlais

Imprimé et relié à Mayenne
chez Jouve

Décembre 1991

Tous droits réservés

Dépôt légal 3e trimestre 1991

SOMMAIRE

PREMIERE PARTIE

1 De l'usage de l'hypnose 11
2 Le pendule de Chevreul 17
3 Tests de suggestibilité 21
4 Conditions préalables en vue d'hypnotiser un sujet 27
5 Comment hypnotiser au moyen du regard 33
6 Autres techniques amenant à l'hypnose 37
7 Du sommeil à l'hypnose. L'hypnose directe 41
8 Comment approfondir l'état d'hypnose 45
9 L'induction verbale 53
10 Séances d'hypnotisme sur scène 57
11 Comment conclure une séance 61
12 Les suggestions posthypnotiques 65
13 L'autohypnose 69
14 Initiation à l'autohypnose 77
15 L'hypnose et la médecine conventionnelle 88
Conseils et rappels utiles 91

DEUXIEME PARTIE

1 L'inconscient 93
2 Comment transmettre des messages
à l'inconscient 97
3 Relaxation globale 101
4 Relaxation partielle 105
5 La séance d'autosuggestion 109
6 Choix du contenu des suggestions 113
7 S'observer entre les séances d'autosuggestion 119
8 Comment inscrire les suggestions dans
l'inconscient 123
9 La transe autohypnotique 127
10 L'induction de la transe autohypnotique 131
11 Comment approfondir l'état de transe 139
12 Comment surmonter les obstacles 145
Conseils et rappels utiles 153

SOMMAIRE

PREMIERE PARTIE

THEORIE DE L'HYPNOSE

PREMIÈRE PARTIE

I. DE L'USAGE DE L'HYPNOSE

Ceci n'est pas un traité sur l'histoire de l'hypnotisme, mais un recueil pratique de techniques hypnotiques. Il n'est pas nécessaire de posséder un type particulier de personnalité pour pratiquer l'hypnotisme : tout homme ou toute femme d'intelligence moyenne en est capable. Il est vrai que d'indéfinissables paramètres permettront à certains plutôt qu'à d'autres de connaître le succès, tout comme on devient musicien de talent. Le vieux cliché de l'hypnotiseur doté d'un regard qui transperce et d'une personnalité dominatrice est parfaitement fallacieux. Bien au contraire, une attitude effacée et une voix calme et monotone sont des atouts certains lorsqu'il s'agit d'appliquer certaines méthodes d'induction hypnotique.

Toutes les méthodes décrites dans ce livre sont liées à l'hétérohypnose (qui s'exerce sur une tierce personne), à l'exception des chapitres 13 et 14, qui sont consacrés à l'autohypnose.

Les méthodes peuvent se décrire et s'expliquer ; si elles sont appliquées avec soin, il n'est pas rare de voir un débutant réussir une induction hypnotique dès sa première tentative. Il fut un temps où l'on se figurait que l'hypnotiseur possédait un secret. En réalité, il n'y a pas de secret qui serait la clef de tout, mais il existe une marche à suivre. Si celle-ci est respectée de point en point et appliquée à une personne qui accepte de coopérer, l'état d'hypnose en est l'aboutissement logique. Il convient de ne pas oublier toutefois qu'il faut beaucoup plus de temps pour hypnotiser certaines personnes que d'autres. Il existe par ailleurs plusieurs façons de mener à l'hypnose, dont un certain nombre seront expliquées plus avant dans cet ouvrage.

Seront donc exposés les différents tests permettant de choisir les sujets à hypnotiser, et les manières de surmonter les résistances à l'induction. On oublie souvent qu'il existe de nombreuses façons de mettre en pratique les techniques hypnotiques. Mais avant de résumer ces techniques et leurs mises en œuvre, procédons à un tour d'horizon des champs d'application de l'hypnotisme.

Applications thérapeutiques

L'hypnotisme est une méthode dont la valeur sur le plan thérapeutique est maintenant avérée. Il se passe rarement une semaine sans que l'on n'apprenne qu'il a permis des traitements couronnés de succès. Bien entendu, avant de s'engager dans une entreprise thérapeutique, il est nécessaire de posséder une certaine connaissance de la psychologie et de la médecine. Ceci tient au fait que les symptômes psychosomatiques de l'individu souffrant de troubles nerveux sont très proches des premiers symptômes de maladies plus graves. Il est donc nécessaire d'être capable de reconnaître des symptômes douteux.

Dans les faits, cependant, l'hypnotiseur a rarement affaire à un patient qui n'a pas déjà épuisé les ressources des traitements orthodoxes. Lorsqu'un patient demande conseil à un hypnothérapeute, dans tous les cas où il y aurait doute quant à la gravité du cas on aura au préalable recours au médecin, afin qu'il soit établi que les causes de troubles ne sont pas d'ordre physique, ou du moins, si tel est le cas, que les méthodes classiques ne peuvent les soigner.

La suggestion mentale s'utilise parallèlement à d'autres thérapies et, dans bien des cas, elle permet à l'hypnothérapeute de réussir là où toutes les autres méthodes ont échoué. S'il y a tout lieu de s'enthousiasmer devant le nombre de maux dont l'hypnotisme permet de venir à bout (sans oublier qu'ils s'agit également la seule méthode d'anesthésie qui n'ait jamais été fatale au patient), il convient cependant de faire preuve de discernement avant d'y recourir pour tuer la douleur. Douleur et état d'inquiétude sont en effet des avertissements par lesquels la nature attire notre attention sur tel ou tel problème, tel ou tel trouble physique. Aucun traitement ne doit être entrepris sans surveillance médicale.

L'hypnoanalyse

La notion d'hypnoanalyse recouvre une méthode qui consiste à mener une psychanalyse sous une forme que l'on peut qualifier de « téléscopée ». La psychanalyse, comme le sait probablement le lecteur, a vu le jour à l'issue d'expériences sur l'hypnose, et a longtemps eu pour objet de découvrir certains aspects de la configuration de l'inconscient, de son contenu enfoui et de son fonctionnement.

Depuis le début du XXᵉ siècle, la psychanalyse s'est constitué un champ opératoire empirique solide ; de pair avec d'autres domaines des sciences médicales, elle a de façon croissante recours à l'hypnose. L'optimisme déplacé des pionniers de l'analyse au sujet des vertus curatives de l'hypnose est dû à une certaine confusion entre la fin et les moyens. L'hypnotisme, qui nécessite des qualités de pénétration d'esprit, n'est en soi qu'un instrument, un moyen au service d'une fin . Une certaine « instrumentalisation » de l'hypnotisme a été réalisée au cours du demi-siècle écoulé, grâce aux connnaissances, au talent et à la perspicacité de l'hypnothérapeute. Le pouvoir de l'hypnotisme permet en effet de corriger une attitude erronée ou de contribuer à accroître l'adaptabilité, à partir du degré de perception que l'on a des blessures et des résistances internes et en fonction des mesures prises pour agir sur celles-ci.

L'hypnose dans le cadre de la famille et de l'entourage immédiat

Il est de nombreuses circonstances dans lesquelles une connaissance de l'hypnotisme permet de procéder entre amis et parents à des interventions utiles et bénéfiques. Trouver un sommeil plus réparateur, atteindre à une meilleure confiance en soi, éliminer un surcroît de tension intérieure, rompre avec de mauvaises habitudes, se débarrasser de soucis envahissants : autant de circonstances dans lesquelles la suggestion hypnotique peut s'avérer bénéfique. Elle permet aussi de soulager d'autres maux et d'autres troubles, et de prendre le relais de l'hypnotiseur professionnel lorsque cela est nécessaire, ou de poursuivre un traitement qui exige des interventions à intervalles réguliers. Ainsi les parents peuvent-ils aider leurs enfants à mieux dormir, à se débarrasser de leur nervosité excessive, de mauvaises habitudes ou de leur anxiété à l'approche des examens, à améliorer leur concentration et leur mémoire. Ils sont en cela à même de faciliter les études de leurs enfants, de les aider dans leur comportement de tous les jours, et de contribuer à consolider leur moral. Il est conseillé toutefois de ne se lancer dans la pratique qu'après avoir pris connaissance de tout ce qui est exposé dans cet ouvrage.

Sur le plan professionnel

La connaissance de l'hypnotisme permet au médecin, à l'ostéopathe, au dentiste, au kinésithérapeute, à l'avocat, au professeur, de parler avec davantage d'autorité et d'assurance. Ceci ne signifie nullement que, pour y parvenir, ils aient à recourir ouvertement à l'hypnotisme. L'une des techniques les plus importantes de l'hypnotisme est en effet la suggestion en état d'éveil, qui ne passe pas par l'induction formelle. La suggestion en état d'éveil peut se pratiquer aussi bien au cours d'une conversation générale que lors d'un entretien. De nombreux cadres d'entreprise, médecins, professeurs ou hauts responsables qui ont affaire au public ont déjà recours, sans s'en rendre compte, à des techniques hypnotiques sous une forme rudimentaire. Une bonne compréhension de l'hypnotisme permet d'agir avec davantage d'assurance et de confiance en soi. Il ne fait guère de doute que les politiciens, les chefs d'entreprise ou les personnalités les plus en vue ont pour la plupart, à leur insu ou non, une connaissance bien comprise des techniques hypnotiques, ce qui, dans une certaine mesure, explique leur influence et leur pouvoir de persuasion.

La suggestion hypnotique est un moyen d'accroître la puissance de travail. Les artistes et les écrivains dont la puissance créatrice semble momentanément tarie peuvent trouver là un moyen de renouer avec leurs sources d'inspiration. Les hommes politiques, les acteurs, les femmes et les homes amenés à prendre la parole en public, peuvent tous y recourir pour se débarrasser de leur état de tension nerveuse et retrouver une plus grande confiance en eux.

L'autohypnose

On affirme pafois que toute hypnose est avant tout autohypnose, c'est-à-dire acceptation sans réserves par le sujet de la suggestion hypnotique qui, dans une grande mesure, mène à l'état de transe. C'est là un point de vue qui contient une bonne part de vérité. Mais le sujet sous hypnose ne se rend à l'évidence pas compte que c'est son acceptation qui permet l'induction de l'état de transe, car la suggestion bien menée voile cet aspect du processus, et l'influence s'exerce à l'insu de l'intéressé.

L'autosuggestion se manifeste souvent, dans la vie de tous les jours, sous la forme de pensées ou d'observations spontanées. Il serait souvent difficile de déterminer avec netteté si certaines pensées entrent dans la catégorie des observations justifiables, ou dans celle de l'autosuggestion négative. Des pensées telles que « jamais je n'y arriverai » ou « je ne peux m'arrêter de fumer, inutile d'essayer », sont souvent de puissantes manifestations d'autosuggestion négative, qui entretiennent des habitudes là où une autosuggestion positive affaiblirait celles-ci jusqu'à leur disparition.

Lorsqu'un individu n'a pas conscience de recourir à la suggestion négative, il peut s'infliger toutes sortes de maux ou de handicaps. Fort heureusement, la suggestion est une épée à double tranchant et, dans la mesure où l'autohypnose est une forme concentrée d'autosuggestion, ceux qui y sont initiés peuvent s'attacher à corriger les handicaps et les tourments dûs à une autosuggestion négative. L'autosuggestion réussit car elle court-circuite le jugement conscient et accède directement à l'inconscient. La connaissance et le savoir-faire qui permettent d'y parvenir constituent une part importante de l'hypnotisme : c'est pour cette raison que plusieurs chapitres seront consacrés à l'auto-hypnose.

La recherche sur le psychisme et sur le fonctionnement psychologique

Les modifications obtenues à l'état conscient grâce à la suggestion hypnotique peuvent aboutir à l'éveil et au développement de facultés qui, autrement, seraient restées à l'état de sommeil. Certaines des remarquables expériences rendues possibles sous contrôle hypnotique seraient d'un grand intérêt pour les étudiants en psychologie, ainsi que pour la recherche sur le psychisme. Au nombre de celles-ci, nos mentionnerons :

L'hyperacuité

L'hyperacuité est un état qui peut être provoqué par suggestion chez de nombreux sujets. Il s'agit d'une perception accrue des sens. En suggérant à un sujet sous hypnose que tel ou tel de ses sens deviendra plus aigu, il est effectivement possible d'accroître temporairement la perception de celui-ci. Un sujet peut ainsi être amené à percevoir des sons ténus ou des objets minuscules qu'il serait incapable d'entendre ou de voir en état d'éveil. L'hyperacuité peut porter sur chacun des cinq sens, l'ouïe, le toucher, l'odorat, le goût et la vue — mais dans le cas de la vue, il faudra que le sujet soit plongé dans un état de transe somnambulique profonde, afin que ses yeux puissent rester ouverts sans pour autant interrompre la transe. Les réactions de chacun diffèrent considérablement. Dans certains cas, la suggestion demeure sans effet, alors que dans d'autres on obtient les résultats les plus surprenants. L'hyperacuité ne se manifeste normalement que lorsque l'individu se trouve sous hypnose, mais il peut arriver qu'elle persiste pendant quelque temps au-delà de la transe, lorsque la suggestion exige que soit conservée cette faculté jusque dans l'état d'éveil.

La régression

Par la suggestion sous hypnose, le sujet est à même de remonter dans le temps et de retrouver des souvenirs qu'il serait par ailleurs incapable de se rappeler par un acte de volonté. Cette méthode permet de retrouver des souvenirs même très lointains. La régression peut être d'une grande utilité lorsqu'il s'agit d'effectuer un diagnostic. Ceci vaut également pour les rêves, qui échapperaient au sujet si la suggestion sous hypnose ne lui permettait cette régression. Ce tour d'horizon n'est pas exhaustif. Parmi les applications possibles, il convient également de mentionner l'enseignement d'une vaste gamme de sujets tels que, par exemple, la sténo ou la dactylographie, la natation ou la danse. L'hypnotisme permet également d'apprendre à jouer de certains instruments de musique, d'améliorer son niveau de compétence ; il peut être l'auxiliaire de bon nombre de professions.

Les premières étapes de la marche à suivre pour devenir hypnotiseur sont indiquées dans les chapitres qui suivent. Les processus inconscients qui gouvernent la vie des émotions comme la vie physique ont des racines très profondes et se nourrissent à la source même de la vie. Le contact avec cette source peut se réaliser au moyen de techniques hypnotiques et autohypnotiques, lorsque est associé à ces techniques un désir authentique de mener à bien un rôle qui soit en harmonie avec le vaste ordonnancement de la vie.

II. LE PENDULE DE CHEVREUL

Il existe différents tests permettant de déterminer quels sont les individus les plus réceptifs à la suggestion sous hypnose. Ces tests n'ont certes rien d'infaillible — il arrive fréquemment que des personnnes n'ayant pas eu les réactions souhaitables à l'origine, se révèlent par la suite excellents sujets — mais leur application donne à l'apprenti hypnotiseur une excellente occasion de s'essayer à la technique de la suggestion.

Le test de Chevreul est un classique de l'autosuggestion que le lecteur peut essayer sur lui-même. Il porte le nom d'un chimiste de renommée mondiale qui fut directeur du Museum d'histoire naturelle de Paris, un des rares hommes connus dont on ait célébré le centenaire de son vivant : il mourut à l'âge de cent trois ans. Chevreul procéda à des recherches sur les mouvements en apparence inexplicables du pendule utilisé par voyants et médiums.

Un exemple d'autosuggestion inconsciente

D'ordinaire, le pendule était constitué d'un anneau suspendu à un fil et tenu à proximité d'un verre de vin. L'anneau décrivait spontanément (du moins le croyait-on) un mouvement de balancier, et venait frapper le verre dont le tintement composait un message que se chargeait de décoder le médium. Au moyen d'une série d'expériences, Chevreul prouva que, même si l'on était entièrement de bonne foi, les mouvements du pendule étaient provoqués par d'imperceptibles contractions musculaires de la main qui tenait le fil. Autrement dit, le mouvement du pendule répondait à des mouvements involontaires de l'individu tenant le fil qui, lui, n'avait aucunement conscience des mouvements de sa main.

Il s'agissait en l'occurrence de suggestion inconsciente. Le lecteur peut en faire l'expérience lui-même, en respectant les recommandations suivantes.

Expérience d'autosuggestion

Prendre un objet de petite taille auquel il soit possible d'attacher un fil. Un anneau ou une petite clef conviendront parfaitement. Une fois cet objet attaché à une extrémité du fil, nouer l'autre bout du fil à l'extrémité d'un crayon. On obtient comme une canne à pêche en miniature, dont le fil aurait une vingtaine de centimètres de longueur. C'est précisément ce qu'on appelle le pendule de Chevreul. Tracer ensuite une ligne droite d'une quinzaine de centimètres de long sur une feuille de papier que l'on posera sur une table, ou sur le sol. Tenir ensuite entre le pouce et l'index l'extrémité du crayon à laquelle n'est pas attaché le fil, de telle sorte que le petit objet qui est suspendu à celui-ci se trouve à l'aplomb de la ligne que l'on a tracée, et à deux ou trois centimètres du papier. Fixer la ligne des yeux : après quelques instants, l'objet suspendu se mettra *spontanément* (selon toute apparence), à osciller d'avant en arrière le long du tracé de la ligne droite. Une fois amorcé le mouvement pendulaire, il peut paraître presque étrange de constater à quel point l'amplitude de celui-ci s'accentue vivement. Sans interrompre le mouvement, on imprimera une rotation au papier, de telle sorte que la ligne tracée se trouve orientée dans une autre direction, et on ne quittera pas celle-ci des yeux. En quelques minutes, le mouvement du pendule aura changé de direction, et sera de nouveau calqué sur la ligne tracée sur le papier.

Lorsque l'on aura convenablement réalisé la première étape, on tracera une seconde ligne droite formant un angle droit avec la première. Tenir le pendule à l'aplomb de l'intersection des deux lignes. On s'apercevra alors que les oscillations se calquent invariablement sur celle des deux lignes *sur laquelle on se concentre*. On tracera ensuite un cercle et l'on répétera l'expérience. On découvrira que le pendule lui-même décrit un cercle *lorsque l'on se concentre sur le cercle*.

Deuxième étape de l'expérience

Si le pendule ne réagit pas au premier essai, il n'y a pas lieu de se décourager. Le mouvement s'amorce dès la première minute dans la plupart des cas, mais certaines personnes ont besoin de plusieurs tentatives avant de réussir. Lorsque le pendule ne réagit pas comme prévu, cela peut être dû à un défaut de concentration, à une certaine distraction, ou à une tentative inconsciente de sabotage. Patience et pratique seront alors nécessaires si l'on souhaite progresser.

D'aucuns se sentiront peut-être vexés de se voir ainsi soupçonnés de manquer de concentration ou d'essayer inconsciemment de saboter l'expérience. Mais si l'on examine les mécanismes qui sous-tendent le comportement du pendule de Chevreul, on se rend compte que notre attitude inconsciente à l'égard de l'expérience constitue précisément le facteur le plus important. Le mouvement du pendule est effectivement entraîné par d'imperceptibles mouvements de la main, même si NOUS N'EN AVONS AUCUNEMENT CONSCIENCE. Entièrement absorbé dans son rôle d'observateur, l'esprit conscient demeure totalement étranger à l'influence qu'exerce la suggestion, aussi longtemps que son attention n'est pas attirée sur celle-ci.

Expérience de suggestion sur une tierce personne

Cette expérience peut s'effectuer non seulement sur soi-même, mais aussi sur quelqu'un d'autre. Demander à quelqu'un de tenir le crayon et de regarder fixement la ligne tracée sur le papier. Annoncer alors que le pendule va osciller selon la ligne tracée ; dans la plupart des cas, c'est effectivement ce qui se produit. Si le sujet dit ou pense « Il ne bougera pas », ou encore « Je suis sûr que cela ne marchera pas avec moi », il ne se produit effectivement rien. Ceci tient au fait qu'il a, consciemment ou inconsciemment, accepté sa propre suggestion : c'est alors celle-ci qui se réalise.

Demander au sujet de tenir le crayon en écartant le coude du corps, et de rester debout à une cinquantaine de centimètres de la table. On se concentrera d'abord sur une ligne puis, lorsque le pendule aura obéi à cette suggestion, sur l'autre. On suggérera : « A présent, il va décrire un petit cercle... maintenant le cercle s'élargit. » Puis on ajoutera : « Dans quelques instants il va s'arrêter, » et on attendra. Quelques instants sont nécessaires, mais le pendule ralentit son mouvement et finit par s'immobiliser complètement. Si le sujet se dit qu'il va osciller dans telle ou telle direction, le pendule obéit. De même s'il se dit que le pendule va décrire un grand cercle, un petit cercle, une ellipse, ou encore rester immobile. Le talent de chacun se développe à mesure que nerfs et muscles possèdent mieux les mouvements imperceptibles qui commandent le pendule, sans que l'on ait besoin d'avoir conscience que l'on est soi-même à l'origine du mouvement.

Cette expérience a pour but de prouver que, lorsqu'une idée est acceptée par l'inconscient, elle se réalise automatiquement. C'est également une première occasion de s'essayer à la suggestion sur autrui.

III. TESTS DE SUGGESTIBILITE

L'étape suivante sera de trouver une personne désireuse de s'engager plus avant dans ces expériences. Il s'agit de montrer que mieux l'on sait ce que recouvre la notion de suggestion, et mieux l'on se trouve en mesure d'y recourir pour le bien d'autrui et le nôtre propre.
Il convient de considérer ce qui va suivre comme purement expérimental. Le but en est de faire l'acquisition d'une somme d'expérience pratique, aussi n'y a-t-il a pas lieu de se décourager si l'on rencontre l'échec ou si l'on ne réussit qu'en partie.
L'expérience que l'on va décrire peut être effectuée sans qu'il soit nécessaire de fournir au préalable des explications au sujet. Il s'agit là d'une excellente illustration de la différence entre théorie et pratique à propos d'un sujet particulièrement important, la relaxation.

Test de relaxation

Demandez à un ami de se placer debout et de regarder droit devant lui, puis de lever un bras dans le prolongement de l'épaule. Placez ensuite une main sous son bras et l'autre sous sa main en vous tenant debout face à lui. Vos deux mains maintiennent à présent son bras en position horizontale. Dites-lui de relâcher les muscles du bras en le lui répétant plusieurs fois. Demandez-lui alors s'ils sont bien relâchés tout en gardant les mains bien en place. Lorsqu'il vous répond qu'il a le bras parfaitement détendu, retirez les mains d'un seul coup. Si les muscles de son bras sont bien complètement détendus, le bras tombera d'un coup le long du corps, comme une masse molle. En revanche, si le bras n'est que partiellement détendu, il retombera lentement. S'il n'est pas détendu du tout, il restera à l'horizontale. Si le sujet n'a pas réussi à se détendre correctement, l'explication en est que l'on peut être convaincu de savoir ce qu'est la relaxation, sans pour autant parvenir à l'obtenir dans les faits. On pourra répéter l'expérience jusqu'à ce que le sujet se pénètre de la notion, en passant d'un bras à l'autre, puis en lui faisant lever les deux bras devant lui.

Mouvements d'oscillation du corps

On commencera par expliquer au sujet que l'objectif du test suivant est de mettre en lumière la façon dont la suggestion agit sur l'imagination. Demandez-lui de se tenir bien droit, pieds joints. Dites-lui ensuite de fermer les yeux, de faire soigneusement le vide dans son esprit et de bien vous écouter. Annoncez-lui maintenant qu'il va être incapable de se tenir parfaitement immobile et qu'il va se mettre à osciller légèrement. Dites-lui que plus il s'efforcera de maintenir son équilibre, plus cela lui sera difficile. Observez ses mouvements et accompagnez vos suggestions de commentaires appropriés, tels que : « Maintenant, vous vous balancez vers la droite... et maintenant, vers la gauche... Maintenant, vous vous balancez en avant... et maintenant, en arrière... »...etc. Vous répéterez ces suggestions pendant une ou deux minutes. Il existe une parenté étroite entre cette expérience et celle du pendule de Chevreul. Dans les deux cas, c'est la suggestion qui provoque les mouvements musculaires.

Qu'on ne se décourage pas si le sujet reste de marbre. La cause de l'échec peut être que la personne choisie, de façon consciente ou inconsciente, ne coopérait pas. Il se peut aussi que son attention ait été distraite, ou encore que les suggestions n'aient pas été convaincantes. Il existe de nombreux facteurs d'échec possibles, que la suggestion s'exerce sur quelqu'un d'autre ou sur soi-même. On évitera de se décourager, mais on analysera ce qui s'est passé, sans perdre de vue qu'à ce stade, l'essentiel est d'acquérir de l'expérience.

Oscillation du corps, deuxième étape

Demandez au sujet de reprendre la position précédente, debout, bien droit et pieds joints. Placez-vous derrière lui et annoncez : « Je pose les doigts sur votre nuque... là ! » A ce moment précis, appuyez les doigts à la base du crâne. Vous ajoutez ensuite : « Je retire mes doigts doucement, lentement, et vous allez les suivre en amorçant un mouvement vers l'arrière. » Assurez-le qu'il ne risque pas de tomber car vous l'arrêterez dès que le mouvement sera entamé. Vous retirez alors la main lentement, sans à-coup et, si la suggestion est convaincante, le mouvement d'oscillation se déclenche. Vous l'arrêtez en plaçant la main sur son épaule. Vous répéterez l'expérience plusieurs fois de suite.

Il est préférable de ne pas laisser se relâcher l'attention du sujet et (même si ce que l'on dit est quelque peu répétitif) de poursuivre un commentaire avec autorité sur la manière dont la suggestion, en agissant sur notre imagination, influence nos actes. Ces explications ont un rôle important à jouer dans le processus, car elle fournissent précisément l'occasion de communiquer les suggestions à l'esprit du sujet. Si le sujet croit sur parole que ce qui lui est annoncé se produira effectivement, les suggestions ont toutes les chances de se réaliser. En revanche, s'il reste sur une position critique et se cantonne dans une attitude de refus, l'expérience se soldera sans doute par un échec ou, au mieux, un demi-succès. Il est donc primordial de formuler ses suggestions de telle sorte qu'elles soient recevables par le sujet et qu'elles ne soient pas à même de provoquer chez lui une résistance inconsciente.

Troisième étape Vous poursuivez en annonçant : « La réussite de l'expérience dépend entièrement de votre capacité à garder l'esprit clair... Evacuez de votre esprit toute autre pensée et écoutez-moi. Je vais placer le bout des doigts sur vos tempes... comme ceci... et lorsque mes mains se déplaceront vers l'avant, vous suivrez le mouvement. » En donnant ces indications, vous illustrez vos propos en plaçant vos doigts sur vos propres tempes et au moment où vous dites « ... vous suivrez le mouvement », vous effectuez le mouvement de balancement du corps. Cette petite illustration, si elle est habilement exécutée, exerce une influence considérable sur le sujet. Vous ajoutez alors : « Bien, serrez davantage les pieds l'un contre l'autre. Les orteils comme les talons ; tenez-vous bien droit et redressez la tête. Regardez-moi bien dans les yeux, *restez bien vertical et maintenez bien votre équilibre.* » Les mots en italiques ont leur importance. En les prononçant, vous placez les mains sur les épaules du sujet, puis les déplacez doucement vers l'arrière, de deux à trois centimètres. Vous les accompagnez de nouveau vers l'avant pour lui faire retrouver la verticale. Vous veillerez à ce qu'il ne déplace pas les pieds, et à ce qu'il ne se mette pas sur la pointe des pieds. Le but de ceci est de lui faire relâcher les mollets et de s'assurer qu'ils ne sont pas tendus. Quand tout est prêt, demandez au sujet de vous regarder bien droit dans les yeux, et de faire le vide dans son esprit. Tout en parlant, vous étendez les bras vers lui, et vous placez les doigts sur ses tempes, sans appuyer. Vous continuez à parler et, lorsque vous estimez le moment venu, ou si vous sentez l'amorce d'un mouvement vers l'avant, vous faites venir vos mains vers vous, doucement, sans quitter ses tempes de vos doigts. Simultanément, vous annoncez : « Vous basculez vers l'avant, doucement... vous basculez vers l'avant. » Il est indispensable que le mouvement se fasse lentement, doucement, et une certaine pratique est nécessaire pour déterminer à quel moment exact les mains doivent se déplacer, ainsi que pour doser leur mouvement. On peut renouveler cette expérience en demandant au sujet de fermer les yeux, et en les gardant soi-même fermés pendant toute la durée du test.

Test des mains soudées On demandera au sujet de joindre les mains. La position debout est préférable, mais il peut également rester assis.

Les paumes doivent être serrées très fortement l'une contre l'autre, et les doigts croisés. Vous demandez au sujet de penser que ses mains sont serrées si fort qu'il est incapable de les séparer, de se dire et de se répéter qu'elles sont collées l'une à l'autre. Vous lui demandez de vous regarder dans les yeux et de ne détourner le regard sous aucun prétexte. Vous placez alors vos propres mains de part et d'autre des siennes, et vous les serrez, sans cesser de le regarder, et tout en lui disant : « Serrez-les plus encore, plus fort, plus encore. Elles sont serrées, serrées, elles commencent à coller l'une à l'autre. Vous n'allez plus pouvoir les séparer. Plus vous essaierez, moins vous y arriverez. » Après une pause, vous annoncez d'une voix ferme, « Vous avez les mains soudées l'une à l'autre... vous ne pouvez plus les desserrer... » Vous retirez vos mains des siennes, sans cesser de le regarder fixement et tout en poursuivant vos suggestions. Certaines personnes auront beau essayer, elles ne parviendront plus à desserrer les mains. Si tel est le cas, vous annoncez alors calmement, sur un ton confiant : « C'est bien. N'essayez plus. Je compte jusqu'à trois, et vous arriverez à les ouvrir... Un, deux, trois, vous pouvez les ouvrir. » Il peut alors les ouvrir car les premières suggestions sont neutralisées. Il est bien plus aisé d'effacer les effets d'une suggestion que de formuler celle-ci avec succès. L'influence faiblit en effet dès que l'on cesse de s'accompagner de paroles, ou dès que le sujet détourne tant soit peu le regard.

Le test du fauteuil

On demande au sujet de s'asseoir dans un fauteuil, jambes allongées, bras détendus. Lorsqu'il est confortablement installé, on lui annonce qu'il ne doit plus bouger ni bras ni jambes et que, dès qu'il aura fermé les yeux, il découvrira qu'il est incapable de se lever. On lui demandera alors, en y mettant la forme, de fermer les yeux. Si toutes ces indications sont prononcées avec l'autorité nécessaire, le sujet aura de bonnes chances, effectivement, de ne plus être capable de se lever. La perte du contrôle volontaire du mouvement des membres sera à la mesure de sa ré-ceptivité face aux indications qui lui sont données. Il est manifestement impossible de se lever du fauteuil sans déplacement du centre de gravité qui impliquerait un mouvement des membres.
Le succès de cette expérience, comme celui des précédentes, dépend de la capacité de formuler ses suggestions avec suffisamment de conviction pour qu'elles soient acceptées par le sujet et pour qu'il y croie sans les remettre en cause.

Analyse des expériences effectuées

On considérera tout ce qui vient d'être décrit comme des expériences de suggestion. Il ne s'agit de rien d'autre. Si ces expériences n'aboutissent que partiellement, on s'interrogera sur ce qui s'est produit et l'on en parlera avec le sujet en essayant de découvrir les causes de l'échec. celles-ci sont souvent évidentes : bruit venant de l'extérieur, moment de distraction, voix incertaine, hésitations. Il peut arriver aussi qu'une formulation imprécise empêche le sujet de bien saisir ce que l'on attend de lui. On essaiera également de savoir quelles sont les réactions du sujet et quelle est son opinion sur ces expériences. On pourra ensuite inverser les rôles et lui demander de formuler à son tour les mêmes suggestions. C'est une bonne manière de se faire une idée de la façon dont on réagit soi-même aux suggestions.

IV. CONDITIONS PREALABLES EN VUE D'HYPNOTISER UN SUJET

Il n'est sans doute pas difficile d'expliquer comment on hypnotise quelqu'un, mais il n'est pas aussi simple de passer de la théorie à la pratique. Il s'agit, dans une certaine mesure, d'un acte de création. N'importe qui peut se procurer des peintures, des pinceaux et une toile, mais seul l'artiste peintre en fera un véritable tableau. La toile de l'hypnotiseur est l'esprit du sujet. Il peint par touches, et ses touches sont ses gestes et ses actes. S'il s'y prend bien, le sujet est hypnotisé, s'il s'y prend mal, c'est l'échec. En règle générale, les neuf dixièmes du travail s'effectuent au préalable. Il s'agit du travail de l'hypnotiseur sur lui-même, qui lui permet de s'adapter au différents cas de figures qui se présentent.

L'attitude du sujet

Avant de tenter de l'hypnotiser, il convient de prendre en considération ce qui se passe dans l'esprit du sujet. Si la personne qui se propose manifeste gêne, inquiétude ou réticence, il est plus sage de trouver un autre sujet. Il est fort improbable que l'on aboutisse, et l'on pourrait bien, au contraire, susciter une situation déplaisante. On ne perdra pas de vue qu'il subsiste de nombreux préjugés à l'encontre de l'hypnotisme.

Conceptions erronées de l'hypnotisme

Parmi ceux qui souhaitent se faire hypnotiser, certains ont à l'égard de l'hypnotisme une attitude faite de crainte et de superstition mêlées. Des personnes, par exemple, qui sont restées sur l'impression d'une séance spectaculaire effectuée sur scène, ou qui se sont fait une opinion à partir de contes de bonnes femmes ou de romans à sensation. Il est inutile de trop chercher à les détromper ; il suffit de les assurer qu'il s'agit d'une expérience agréable et qui a des chances de les aider. Ceux qui auront lu des articles ou des rapports sur le traitement réussi de troubles divers au moyen de l'hypnotisme, ceux-là auront sans doute une attitude plus rationnelle. Si l'on a affaire à une personne possédant une certaine connaissance de la question, on s'adressera à elle de telle sorte que l'on puisse compter sur une coopération intelligente. En règle générale, on s'efforcera de lui exposer ce qui l'attend, dans toute la mesure du possible. Sa confiance en vous serait perdue si par la suite cette personne devait s'apercevoir que vous l'avez égarée, ou que vous ne lui avez pas fourni toutes les explications qu'elle était en droit d'attendre. Cette confiance en sortira renforcée, en revanche, si les choses se sont passées comme annoncé.

Avant d'entreprendre quoi que ce soit, on ne fera donc jamais trop attention à l'attitude du candidat à l'égard de l'hypnotisme. S'intéresse-t-il à l'hypnotisme ? Quels bienfaits peut-t-il en espérer ? A-t-il l'impression que l'on peut lui faire du mal, le rendre ridicule, ou agir sur lui contre son gré ? Redoute-t-il de parler ou de divulguer des secrets ? Il conviendra de le rassurer sur ces points.

Précautions à respecter

Se livrer à des expériences sans réflexion préalable peut entraîner une sérieuse perte de prestige, voire des ennuis imprévus. Il arrive que l'on demande à l'hypnotiseur amateur de montrer ses pouvoirs. Celui-ci serait avisé d'éviter les démonstrations improvisées, et de ne rien tenter avec quelqu'un qui a déjà affaire à un autre hypnotiseur, car cela pourrait provoquer une confusion grave dans l'esprit du sujet. *Le lecteur ne doit en aucun cas entreprendre d'expérience avec qui que ce soit, tant qu'il n'a pas étudié soigneusement tout le contenu de cet ouvrage.*

Les cas à éviter

Ne jamais tenter, sous aucun prétexte, d'hypnotiser quiconque est atteint d'épilepsie, de même que les personnes irresponsables et celles qui présentent des symptômes d'hystérie. Ne jamais essayer d'hypnotiser une femme atteinte de troubles névrotiques ou hystériques, sauf en présence de témoins fiables. On comprendra sans peine les ennuis que l'on peut s'attirer quand on aura songé que les souvenirs de la personne hypnotisée ont beau être vagues et flous, ils restent sans lien aucun avec les effets de l'imagination. Ainsi, une patiente hystérique dont les souvenirs de transe se confondent avec l'accomplissement d'un désir, peut-elle placer l'hypnotiseur dans une situation pour le moins déplaisante. Il ne fait aucun doute que l'hypnotiseur a davantage besoin de se protéger du public, que l'inverse. Des complications d'un autre ordre peuvent surgir du fait que, en suggérant sous hypnose l'inhibition de mouvements ou de fonctions, on risque de donner à une patiente hystérique des mécanismes qui lui serviraient par la suite à fuir la réalité. Ce sont là des facteurs qu'il convient de ne pas oublier. Mieux vaut donc, à moins d'avoir de solides connaissances en psychologie, éviter les sujets hystériques.

Les individus qui se prêtent le mieux à l'hypnose Hommes et femmes semblent avoir des dispositions égales. De façon générale, ceux qui appartiennent à une hiérarchie fortement structurée comme, par exemple, la police ou l'armée, sont de bons sujets : ils possèdent déjà la faculté d'acquérir des réflexes et d'obéir à des ordres. Enfants et adolescents sont les plus faciles à hypnotiser. Bernheim estime que quatre enfants sur cinq peuvent être hypnotisés. D'après ma propre expérience, je dirais que la proportion est encore plus élevée. Plus l'individu est jeune et plus il est apte à l'obéissance, car il a l'habitude, normalement, d'obéir à ses parents et à ses professeurs. Or, rien n'est plus favorable qu'un esprit disposé à obéir sans interférences critiques conscientes. C'est pour cette raison, d'ailleurs, que l'introverti a tendance à être un mauvais sujet, car il critique à l'excès, possède un penchant pour le soupçon, et analyse le moindre geste. On n'oubliera pas qu'aux termes de la loi britannique, par exemple, il est interdit d'hypnotiser des personnes mineures en public.

Conditions favorisant l'hypnose En théorie, 95 % des êtres humains sont suceptbles de se faire hypnotiser. Or, dans les faits, le pourcentage de réussite est nettement inférieur. Il y a à cela de multiples raisons, au nombre desquelles la contrainte du temps, souvent insuffisant pour mener à bien une mise en condition correcte, un diagnostic erroné des résistances cachées, des troubles psychologiques indécelables. Parmi les conditions favorables à l'hypnose, on dénombre :
La concentration.
Une intonation monotone.
Des mouvements limités.
Un champ de conscience volontaire limité.
L'inhibition de toute idée ou pensée étrangère à celles sur lesquelles on se concentre.
Une ambiance calme et une température douce, l'absence de courants d'air.
On prêtera une attention toute particulière aux conditions de confort. On veillera, par exemple, à ce que le fauteuil ou le divan soit confortable. On s'assurera également qu'il n'y a pas de lumière forte tournée vers le sujet. Il vaut mieux que l'éclairage soit orienté vers le visage de l'hypnotiseur et que le sujet reste dans l'ombre, sauf, bien entendu, si la lumière sert à mener à l'hypnose. Certains hypnotiseurs préfèrent travailler dans une pièce plongée dans l'obscurité ou faiblement éclairée. Une ampoule de 15 watts fera parfaitement l'affaire.

La voix et la parole La manière dont on parle est extrêmement importante. La voix doit être calme et le ton autoritaire, afin de montrer que l'on ne doute pas de soi-même et que l'on sait où l'on veut en venir. On évitera les silences gênants au moment où l'on formule les suggestions. On apprendra au préalable les phrases que l'on va utiliser, afin de parler sans hésitation et sans heurts au moment de l'induction. On veillera à ce que le sujet soit assis confortablement, à ce que ses vêtements n'entravent pas ses gestes et à ce que ses chaussures ne soient pas trop serrées. On lui parlera tout en lui laissant tout le temps de s'installer. Au moment de formuler explications et directives, on devrait avoir gagné sa confiance. Surtout, ne pas brûler les étapes, et éviter les temps de silence, qui risqueraient de créer une gêne.

Il existe un certain nombre de méthodes conduisant à l'hypnose, sans qu'aucune soit meilleure que les autres. Certains adoptent une méthode qui leur semble mieux adaptée à leur caractère. D'autres préfèrent mettre au point par eux-mêmes une méthode plus personnelle. Le but spécifique de chaque séance d'hypnose constitue à cet égard un facteur important. La personnalité du sujet est également à prendre en considération, ainsi que le prestige de l'hypnotiseur. Ainsi, l'hypnotiseur amateur aura davantage les coudées franches que le thérapeute. Il peut annoncer, par exemple, avec toute l'emphase dont il est capable : « Vous ne pouvez plus ouvrir les yeux. » Si le sujet ouvre les yeux à ce moment-là, l'hypnotiseur amateur peut toujours sourire de sa bévue et reprendre une autre méthode, tandis que le thérapeute y laisse un peu de son prestige, ce qui rend plus difficile encore la conduite de l'induction. Avec le même sujet, tel hypnotiseur réussira là où tel autre connaîtra l'échec. Les caractéristiques du sujet constituent en effet un facteur important : ainsi, un sujet en proie à un complexe de rébellion refusera inconsciemment une approche trop autoritaire. Quelqu'un qui souffre d'insomnie ne sera guère réceptif à la suggestion « Vous avez sommeil. » L'hypnotiseur aura alors besoin, pour pouvoir y recourir, de connaître d'autres méthodes. Il n'est pas conseillé au débutant de les pratiquer toutes, mais plus ses connaissances seront étendues, plus sa technique aura de souplesse.

La personnalité du sujet

Songez à vous garder de la suggestion négative inconsciente lorsque vous lirez les méthodes qui vont être exposées. Il n'y a rien de plus facile que de se convaincre par autosuggestion que quelque chose d'aussi compliqué que l'hypnose ne peut en aucun cas résulter de procédés aussi simples. Rien de plus facile que de passer à côté de ce

Ne pas négliger la suggestion négative

que nous recherchons. En lisant les descriptions qui vont suivre, ne cherchez surtout pas les complications là où elles n'existent pas. Le plus souvent, ce n'est pas parce que les mécanismes de l'hypnotisme sont complexes que l'on ne parvient pas à les saisir, mais bien plutôt en raison de leur grande simplicité.

Mise en garde   Ne jamais procéder à des suggestions posthypnotiques, ne jamais se livrer à des expériences avant d'avoir achevé une lecture soigneuse de cet ouvrage dans son entier.

V. COMMENT HYPNOTISER AU MOYEN DU REGARD

Première méthode Le regard est un des moyens d'induction. La méthode consiste à regarder un objet fixement. Il existe de nombreuses variantes, dont quelques-unes vont être exposées ci-dessous. Le lecteur pourra par la suite mettre au point des variantes de son cru. On procède habituellement en faisant asseoir le sujet confortablement. On prend un objet brillant que l'on place à une trentaine de centimètres de son visage, légèrement au-dessus du niveau des yeux. Peu importe l'objet choisi — un anneau, l'extrémité d'un stylo d'argent, le sommet d'un dé à coudre, une lumière. On demande au sujet de fixer cet objet du regard. Lorsque l'oeil, tourné vers le haut, est maintenu dans cette position, il se fatigue rapidement. Cette fatigue s'explique d'autant mieux qu'à cette position inhabituelle s'ajoute un effort de convergence des deux yeux. L'hypnotiseur ira au devant de ce processus physiologique, en formulant des suggestions de cet ordre : « Vos yeux vont bientôt se sentir très fatigués. Vos paupières vont vouloir se fermer... » Le sujet clignera peut-être des paupières. L'hypnotiseur en tirera parti en prononçant un commentaire approprié.

Il faut absolument que les yeux du sujet restent fixés sur l'objet. Dès qu'apparaîtront les premières manifestations de changement sur le visage, le commentaire se fera sobre et ininterrompu : « Vous avez de plus en plus sommeil... vos paupières se font plus lourdes... »

Afin d'éviter d'inutiles répétitions, la description de cette méthode et des suivantes n'ira pas au delà de cet état légèrement ensommeillé. De plus amples explications en vue de rendre cet état plus profond viendront ensuite.

Deuxième méthode On donne au sujet un petit disque de métal marqué d'un point en son centre. Un petit morceau de carton noir conviendra parfaitement, au centre duquel on aura placé un fragment de papier argenté de la taille d'un petit pois. Une fois le sujet confortablement assis dans un fauteuil, on lui demande de placer le coude droit dans la paume de la main gauche. On place ensuite le morceau de carton dans la main droite. On demande au sujet de concentrer son regard sur le point de papier argenté et, dans la mesure du possible, de ne penser à rien. On lui annonce que sa respiration se fait plus profonde et qu'il va remarquer un léger engourdissement de la main qui tient le carton. On s'asseoit à côté de lui, et on lui annonce que non seulement ses bras vont ressentir cet engourdissement, mais que celui-ci, peu à peu, va s'étendre à tout le corps. Tout en parlant, on regarde attentivement le sujet pour s'assurer que ses yeux, ses traits et tout le corps réagissent bien aux suggestions. Dès qu'apparaissent des signes manifestes, on enchaîne d'une voix ferme : « Vous avez les yeux qui se font plus lourds... qui se ferment, » ou bien : « Vous avez les bras qui s'alourdissent et se fatiguent, » ou encore : « Votre respiration se fait plus profonde. » Si les yeux ne se ferment pas d'eux-mêmes, on donnera sans équivoque l'ordre de les fermer. Une fois qu'ils sont fermés, on demande au sujet de rester assis et de bien écouter la voix qui lui parle. (La phase suivante est décrite plus loin.)

Troisième méthode

Cette méthode, qui présente à la fois des avantages et des inconvénients, consiste à demander au sujet de vous regarder directement. Demandez au sujet de concentrer son regard sur l'un de vos deux yeux. Indiquez-lui lequel en le désignant de l'index : il lui sera en effet impossible de poser son regard sur vos deux yeux à la fois. Annoncez-lui que sa respiration va se faire plus profonde, qu'il va se sentir gagné par le sommeil, et que ses yeux vont chercher à se fermer. Attendez un petit moment et, lorsqu'il clignera des paupières, ce qui ne saurait manquer de se produire, dites-lui que ses yeux vont se fermer lorsque vous aurez compté jusqu'à trois. Précisez qu'il se fermeront dès que vous aurez prononcé « trois », et qu'ensuite il doit simplement se laisser aller et écouter votre voix. Il se peut que ses yeux ne se ferment pas tout de suite après que vous aurez compté jusqu'à trois : dans ce cas, vous maintiendrez le regard sur lui jusqu'à ce qu'ils se ferment.
En vue de rendre cette technique plus efficace, on pourra exercer ses yeux à ne pas ciller en regardant un point du mur ou d'un miroir.
Ne regardez pas le sujet directement dans les yeux, mais concentrez plutôt votre regard sur l'arête du nez, entre les deux yeux.

Comment éviter de s'hypnotiser soi-même
On fera très attention, car cela peut toujours se produire lorsque l'on se sert de cette méthode. Si on se sent gagné soi-même par le sommeil, on agira sans attendre ni hésiter. On lève les deux mains et on ferme les paupières du sujet. En même temps, on dit : « Détendez-vous, gardez les yeux fermés, écoutez-moi... » Puis on s'arrache à l'assoupissement et on passe à l'étape suivante.

Quatrième méthode

Il s'agit d'une excellente méthode qui consiste à dire au sujet de fixer un objet et de suivre à la lettre vos indications. Vous commencez à compter : à « un », vous lui dites de fermer les yeux, à « deux », de les ouvrir, à « trois », de les fermer, à « quatre », de les ouvrir. Vous lui donnez pour consigne de continuer à les fermer à chaque nombre impair, et de les rouvrir à chaque nombre pair. Vous lui annoncez que ses paupières vont s'alourdir, qu'il va se sentir gagné par le sommeil tandis que vous allez continuer à compter. Vous ajoutez que ses yeux vont résister quand il cherchera à les ouvrir, résister si fort que bientôt il sera incapable de les ouvrir, et qu'alors il doit rester tout détendu et calme, ne pas s'inquiéter, continuer à vous écouter.

Vous n'avez nul besoin de préciser combien de temps cela doit prendre, mais vous pouvez dire, si vous le souhaitez, que lorsque vous atteindrez vingt ses paupières se feront lourdes. L'hypnotiseur en décidera lui-même : sa capacité à juger de détails de cet ordre s'affinera avec l'expérience.

Après les nombres impairs : allongement de la pause
Lorsque vous commencez à compter, la pause faisant suite aux nombres impairs sera plus longue qu'après les nombres pairs. Il convient de ne pas marquer la moindre hésitation, et la différence doit être nette : les yeux du sujet restent ainsi plus longtemps fermés qu'ouverts. Mais on veillera à ne pas modifier le rythme d'ensemble de façon à garder une cadence uniforme, et à éviter tension et incertitude, qui seraient néfastes. Cette méthode se prête à des commentaires permettant d'amplifier les suggestions. Si le sujet résiste un tant soit peu, ou ne semble pas à son aise, on peut lui adresser des paroles de cet ordre :
« 19.... 20 . 21.... Vous vous détendez. 22 . 23.... Vous vous laissez aller... vous êtes bien. 24 . 25.... Vous avez les paupières de plus en plus lourdes. 26 . 27.... Elles sont lourdes, de plus en plus, elles vous demandent de plus en plus d'efforts... de plus en plus... elles vous demandent trop d'efforts. Elles se font si lourdes que vous n'allez plus pouvoir les ouvrir. Vous êtes assis, vous vous reposez : vos paupières sont devenues si lourdes que vous ne songez plus qu'à vous laisser aller, à vous reposer. » On remarquera encore que tous les commentaires correspondent aux nombres impairs, lorsque le sujet a les yeux fermés. Pour approfondir l'état de transe, on suivra les indications données plus loin.

Cinquième méthode

Pour appliquer cette méthode, on se servira d'une ampoule électrique bleue, dont on dirigera l'éclairage sur un point du plafond, tandis que le reste de la pièce restera faiblement éclairé. Assurez-vous que le sujet peut voir sans effort le point éclairé. On lui demande de regarder fixement le point de lumière bleue tout en lui adressant des propos qui le conduisent au sommeil, selon la méthode exposée plus loin. Il est intéressant de remarquer qu'un rapport officiel publié voici quelques années portait sur le fait qu'il arrivait parfois à des peintres sur verre utilisant du bleu de cobalt, de s'assoupir devant leur chevalet, ce qi tend à montrer que le sommeil ou l'état de transe auquei on aboutit en regardant fixement une lumière bleue, ne résulte pas entièrement des suggestions formulées.

VI. AUTRES TECHNIQUES AMENANT A L'HYPNOSE

Sixième méthode On fait asseoir le sujet dans un fauteuil, puis on lui tient les propos suivants : « Vous fermez les yeux, je vous le demande. Dans quelques instants, je vais placer un doigt au milieu de votre front.» Après avoir suggéré l'assoupissement, la lourdeur des paupières, posez doucement l'index au centre de son front. Poursuivez en lui adressant des directives de cet ordre : « Vos yeux sont fermés, mais vous les tournez quand même vers le point où mon doigt touche votre front. Maintenez le regard tourné vers ce point. Votre respiration se fait plus profonde.» (Puis on enchaînera sur la phase suivante.)

Septième méthode La méthode du docteur Esdaile s'applique dans une pièce plongée dans l'obscurité. Après avoir demandé au sujet de fermer les yeux et de se détendre, soit en position assise, soit en position allongée, le docteur Esdaile faisait des passes avec ses mains, lentement, sans toucher le sujet, tout le long du corps. Ce que vaut cette méthode, l'hypnotiseur en décidera lui-même lorsqu'il aura acquis davantage d'expérience. Tout porte à croire que les passes des mains exercent une influence sur le sujet. Le docteur Esdaile les décrit avec et sans contact. Dans le dernier cas, les mains se déplacent à huit ou dix centimètres du corps du sujet. Les premiers hypnotiseurs et magnétiseurs se servaient d'aimants pour effectuer ces passes. Les résultats obtenus étaient sans aucun doute dus à la suggestion, mais il est impossible de dire jusqu'à quel point peuvent agir les effets de la suggestion lorsque l'on a recours aux passes magnétiques. Les partisans de cette méthode soutiennent que l'état de transe est plus profond, mais ils oublient souvent que si l'on consacrait un temps équivalent à la suggestion lors d'une induction par suggestion verbale, l'état de transe serait probablement aussi profond. Tout dogmatisme est à proscrire lorsque l'on traite d'un domaine tel que l'hypnotisme, qui recouvre nombre de paramètres variables et d'inconnues.

Quoi que l'on pense de ses techniques, le docteur Esdaile n'en réalisa pas moins en Inde, au siècle dernier, des centaines d'opérations chirurgicales lors desquelles il n'eut recours à aucun autre anesthésique.

Après avoir fait asseoir le sujet, et sans passer par une **Huitième méthode** induction formelle, expliquez-lui que vous allez procéder **(expérience de** à une expérience. Demandez-lui de se détendre dans son **lévitation du** fauteuil et de placer les mains sur les genoux. Annoncez- **bras)** lui, par suggestion, que vous allez lui faire sentir que l'un de ses bras devient plus léger que l'autre. Etendez ses doigts pour lui détendre les mains. Adressez-lui alors des paroles de cet ordre :
« Je vous demande de regarder droit devant vous, et de continuer à respirer normalement. N'essayez pas de réfléchir à ce que je dis, contentez-vous de regarder... (et vous lui indiquez un point devant lui, à hauteur de ses yeux)... Pendant que je parle, vous allez remarquer que votre respiration se fait plus profonde. N'y prêtez pas attention, continuez de fixer ce point devant vous. Vous allez également prendre conscience du poids de votre corps. Vous avez conscience de votre poids au contact du fauteuil. Vous avez conscience du contact de vos vêtements, de votre langue dans votre bouche, de vos paupières qui s'alour-dissent. Vos yeux ne se ferment pas, mais votre respiration se fait plus profonde. Ne pensez pas à ce que je dis, écoutez ma voix, rien de plus. Ne pensez à rien pendant que je parle, et votre main droite va bientôt se sentir différente de la gauche. Elles n'ont plus les mêmes sensations... la main gauche devient plus lourde et une étrange sensation vous parcourt la main droite. Comme si la main gauche pesait vers le bas, tandis que la main droite s'élève. Dans un moment, vous allez sentir bouger un doigt de la main droite. N'y pensez pas. Il va peut-être s'écouler quelques minutes avant que cela ne se produise, mais continuez à rester détendu, à écouter ma voix. Vous allez avoir la sensation que votre main droite veut s'élever, comme un ballon. Elle va s'élever lentement, comme si elle était plus légère que l'air. Vous allez remarquer que votre respiration se fait plus profonde. Evacuez toute pensée de votre esprit, écoutez seulement ma voix. » Tout en parlant, on regardera attentivement le sujet. A un moment donné, on remarquera sans doute que l'un de ses doigts remue ; on fera alors le commentaire suivant :
« Ne faites pas attention aux mouvements de votre main. N'y pensez pas. Surtout, n'y pensez pas. Ecoutez ma voix. Vous n'avez rien d'autre à faire que de regarder droit devant vous et d'écouter ma voix. Pendant tout ce temps, votre main gauche se fait plus lourde. La main droite a une envie irrésistible de s'élever. Vous allez éprouver cette sensation non seulement dans le bras, mais jusque dans l'épaule, et voilà le bras qui se met à s'élever, lentement. » (Chez certains sujets, le mouvement est imperceptible, au point qu'on ne peut le voir si l'on regarde de dessus, alors qu'on s'en aperçoit effectivement si l'on se trouve à côté. Il convient de faire très attention, car ceci est dû, bien entendu, au fait qu'il peut s'écouler un temps substantiel entre la suggestion et la réaction.) Poursuivez vos sugges-

tions : « Il y a à présent une différence très nette entre les tensions musculaires qui gouvernent vos deux bras. Les muscles qui soulèvent le bras agissent d'eux-mêmes, sans que vous les commandiez, ils échappent à votre volonté, ils se mettent à soulever le bras, sans lien aucun avec ce que vous ressentez, sans que vous ayez à y penser. Vous êtes là en simple observateur, assis tranquillement dans le fauteuil. Votre respiration est plus profonde que d'ordinaire et vous avez un bras qui appuie lourdement sur la jambe gauche, comme une masse de plomb. Le bras droit, lui, comme s'il ne vous appartenait plus, s'élève doucement, de façon régulière. » Des suggestions de cet ordre se poursuivent, jusqu'à ce que le bras droit remue, ce qui finit par se produire dans trois cas sur cinq. Si, au bout d'un quart d'heure, le bras ne manifeste pas la moindre velléité de mouvement, dites au sujet de se détendre, de fermer les yeux, de ne plus penser à ses bras, de se laisser aller. Pour éviter de le troubler, dites-lui que vous avez simplement tenté une expérience, (qu'il ne faut en aucun cas interpréter), et demandez-lui de ne plus y songer, d'écouter votre voix. Enchaînez alors avec les paroles qui approfondissent l'état de transe.

Neuvième méthode (les sujets difficiles) Il existe de nombreux individus qui résistent inconsciemment. Chez certains d'entre eux, la méthode suivante à des chances d'aboutir.

Certains individus sont en état de rébellion contre toute autorité, et ne peuvent supporter d'obéir à des ordres. D'autres résistent à l'induction pour la bonne raison qu'ils ont à faire face à des troubles nerveux ou émotionnels et que, à force d'exercer leur volonté, ils ont contracté des habitudes d'autonomie ou une attitude d'indépendance.

L'hypnotisme peut aboutir (parfois) sur de tels sujets, lorsque les suggestions sont tournées de telle sorte qu'elles mettent au défi leur sentiment d'autonomie, d'indépendance, ou leur orgueil. On peut, par exemple, chatouiller l'orgueil de tel ou tel sujet en lui annonçant que tout dépend de l'intelligence mise en œuvre, et de ses facultés de concentration. L'habileté de la présentation consiste à lancer au sujet un défi sur l'idée qu'il se fait de ses capacités à mener à bien les expériences qui lui sont proposées, ce qui permet de susciter son intérêt et de canaliser ses efforts. Au lieu de lui dire, par exemple, que son bras va se raidir, on lui expliquera que s'il parvient à faire le vide de toute pensée, les suggestions qu'il s'adressera lui-même pourront opérer sur lui. Dites-lui : « A présent, je voudrais voir si pouvez faire que votre bras se raidisse quand je compterai jusqu'à dix. Je veux voir si vous arrivez à vous concentrer suffisamment sur cette idée, et à faire que votre bras se raidisse au point que vous ne parviendrez plus à le plier. » Une fois que sa réticence a été ainsi convenablement égarée, on peut agir sur le sujet au moyen de suggestions du type de celles qui ont été exposées plus haut. Les suggestions seront toutes formulées de telle sorte que le sujet ait le sentiment que ce sont autant de défis lancés à ses facultés de concentration et à sa capacité de maîtriser ses pensées.

Cette méthode, qui s'appuie sur la respiration, fut fré- **Dixième méthode** quemment utilisée par les hypnotiseurs au siècle dernier. Le sujet s'assied confortablement, jambes étendues, bras détendus, tête appuyée en arrière. On lui demande de respirer profondément et on lui adresse les paroles suivantes :
« Prenez une inspiration profonde... Comme ceci. Bien... Maintenant, encore une. Inspirez profondément... plus encore... tenez un instant et expirez. Ecoutez-moi bien et continuez. Respirez bien profondément quand je vous le demande. INspirez, puis EXpirez. »
Les suggestions s'enchaînent ainsi : « Vous avez les bras et les jambes qui se font lourds. Tout le corps devient lourd, plus lourd. Fermez les yeux à présent. La tête se sent légère et vous éprouvez peut-être un léger vertige, une sensation de détachement. » Tandis que le sujet continue ses inspirations profondes, la quantité d'oxygène s'accroît dans le sang, et c'est ce qui provoque cette sensation de détachement, de légère ivresse. Le lecteur peut en faire l'expérience sur lui-même. Les suggestions se poursuivent ainsi : « Ne faites pas attention aux bruits extérieurs. Ecoutez ma voix. Rien ni personne ne va vous déranger. Vous vous laissez aller. Vous êtes en train de partir dans un sommeil profond, un sommeil profond et sain. »

VII. DU SOMMEIL A L'HYPNOSE
L'HYPNOSE DIRECTE

Il convient de noter que toutes suggestions adressées à un sujet en état de sommeil qui n'auraient pas son consentement s'il était pleinement conscient, déclencheraient chez lui une résistance qui, d'une part, rendrait les suggestions sans effet et, d'autre part, provoquerait son réveil immédiat. On ne doit en aucun cas, bien entendu, recourir à la méthode qui va être décrite sans le consentement préalable de l'individu concerné, sauf circonstances exceptionnelles comme, par exemple, lorsque des parents possédent de sérieuses notions de psychologie et souhaitent guérir un enfant de mauvaises habitudes − celle, par exemple, de mouiller son lit.

Onzième méthode : du sommeil à l'hypnose

Ne vous engagez pas dans une seconde phase avant que le sujet ne soit profondément endormi depuis au moins une heure et demie. Si le sujet n'est pas habitué à votre présence dans la pièce pendant son sommeil, mieux vaut que l'induction se fasse en plusieurs séances espacées sur une période d'une semaine au moins. Lors de la première séance, contentez-vous d'entrer dans la pièce et de vous asseoir pendant un quart d'heure à quelque distance du lit dans lequel dort le sujet. Ne faites absolument rien. Lors des séances suivantes, on fera de même en approchant à chaque fois un peu plus près du lit. Si l'on procède avec lenteur, progressivement, on finira, en quelques séances, par pouvoir s'asseoir sur le lit du dormeur sans déranger son sommeil. Lorsque vous êtes certain que votre présence n'éveillera pas le sujet, vous pouvez lui adresser la parole sur un ton tranquille, à voix basse. Le but de cette approche lente et progressive est de l'habituer aux légers bruits que l'on peut faire en respirant ou en remuant. Dans des circonstances normales, tout bruit ou toute odeur inhabituels, une odeur de fumée, par exemple, ou une présence étrangère dans la pièce, seraient une cause de réveil immédiat. Une fois atteint le stade où l'on peut adresser la parole au sujet, on peut formuler les suggestions, lui annoncer qu'il va y obéir, qu'il va reprendre confiance et perdre sa mauvaise habitude. Cette méthode convient tout particulièrement à une mère, par exemple, avec ses enfants.

Il existe tout une gamme de méthodes qui passent par le sens de l'ouïe. Le principe de cette méthode est la monotonie (qui, appuyée par la suggestion, réussit souvent là où d'autres méthodes échouent). Le tic-tac d'une pendule ou d'un métronome convient parfaitement : il est préférable, cependant, qu'il soit assez lent. Les suggestions peuvent se formuler simultanément, de telle manière que le sujet les entende sur fond de tic-tac. On peut aussi demander au sujet d'imaginer que le tic-tac est fait de mots, disant, par exemple : « Vous... allez... dormir, vous... allez... dormir, » selon un rythme régulier.

Douzième méthode : le rythme sonore

L'hypnose directe
Il arrive que l'on voie un hypnotiseur effectuer une induction extrêmement rapide. Celle-ci peut se produire en l'espace d'une seconde et passer aux yeux du non initié pour un tour de magie.

La suggestion posthypnotique
Cette induction quasi-instantanée peut se réaliser de deux manières différentes. Dans le premier cas, le sujet a été hypnotisé auparavant, et se trouve sous suggestion posthypnotique exigeant de lui qu'il entre instantanément en transe hypnotique dès que l'hypnotiseur lui adressera telle ou telle parole. L'hypnotiseur peut, par exemple, dire au sujet lorsqu'il se trouve en état d'hypnose : « Dans quelques instants, je vais vous réveiller mais, par la suite, si je vous dis "dormez", vous entrerez immédiatement en transe hypnotique. »
Et effectivement, si l'hypnotiseur, après avoir réveillé le sujet, s'approche de lui et lui dit « dormez », le sujet entrera immédiatement en transe.
L'induction, très spectaculaire, se produit donc instantanément. Dans les faits, les choses se passeraient de la même façon si on disait au sujet : « Lorsque je claquerai les doigts, vous tomberez profondément endormi. » Le sujet entrerait en transe tout aussi rapidement. Le tout est de choisir un bon sujet hypnotique et de l'hypnotiser une première fois.

Le somnambulisme spontané
Outre le cas qui vient d'être exposé, il existe certaines personnes qui, sans avoir jamais été hypnotisées auparavant, sont capables d'obéir à une induction extrêmement rapide. Il s'agit du somnambulisme spontané que décrit Binet. Le déclenchement de la transe repose sur l'habileté et la technique de l'hypnotiseur.
Comme il a été dit, l'auteur du présent ouvrage n'est favorable qu'aux méthodes classiques d'induction. La méthode décrite ici ne l'est qu'à titre anecdotique : il s'agit,

sans plus, d'une évocation des spectacles d'hypnotisme que l'on pouvait voir sur les scènes de music-hall et que la loi, à juste titre, a depuis lors interdits dans de nombreux pays. L'hypnotiseur faisait fermer les yeux au sujet (peut-être serait-il plus exact de dire à sa victime), et lui demandait de se tenir au garde-à-vous. Puis, s'accompagnant d'un cri ou frappant dans ses mains, il le faisait rapidement basculer en arrière et l'allongeait à plat sur le sol. Le choc du bruit soudain, le fait qu'il avait les yeux fermés, le mouvement de bascule en arrière, ajoutés aux suggestions de l'hypnotiseur, aidaient à désorienter le sujet. Ce type d'induction constituait assurément un spectacle impressionnant. Ce n'en était pas moins une exhibition de fort mauvais goût et, bien plus grave, l'hypnotiseur trahissait la confiance que lui avait accordée son volontaire naïf.

L'utilisation de drogues et substances médicamenteuses
Il existe diverses substances susceptibles d'être utilisées pour modifier l'état de conscience. On aboutit à des états dont certains présentent des ressemblances avec l'état d'hypnose, mais dont aucun n'est identique à l'hypnose provoquée par les méthodes exposées ici. Pour administrer des médicaments, rappelons qu'il est nécessaire de posséder des compétences médicales. Pour conclure sur ce sujet, nous dirons qu'il n'entre pas dans le propos du présent ouvrage.

Autres méthodes On affirme qu'il est possible de provoquer une hypnose en exerçant une pression sur certains nerfs, sur certaines veines et sur certaines artères. C'est sans doute vrai, mais il est douteux que l'état d'hypnose soit le résultat direct de ces manipulations physiques, et l'on croirait plus volontiers qu'il y aurait d'abord un état de soumission intermédiaire, à partir duquel s'effectuerait le passage à l'état de transe hypnotique sous la contrainte de la suggestion. Ces moyens physiques sont connus de certains médecins. Cependant, en raison du danger de semblables méthodes, mieux vaut les éviter. Elles sont mentionnées ici pour la simple raison qu'elles sont associées à l'hypnotisme dans l'esprit de certains. C'est également l'occasion de recommander vivement à tous ceux qui en ont entendu parler, de ne se livrer sous aucun prétexte à des expériences dans ce domaine.
Il existe enfin des procédés mécaniques visuels variés — disques, miroirs, yeux artificiels, photographie représentant les yeux d'un hypnotiseur — qui tous cependant présentent un inconvénient majeur : ils cessent d'opérer au moment le plus important de l'induction, celui, bien entendu, où le sujet ferme les yeux.

La méthode la plus saine, cela ne fait aucun doute, est celle de l'induction hypnotique. L'auteur de cet ouvrage a réalisé l'enregistrement d'une séance, qu'utilisent comme modèle nombre d'étudiants apprenant l'hypnose et l'autohypnose.

VIII. COMMENT APPROFONDIR L'ETAT D'HYPNOSE

L'une des tâches les plus difficiles de l'hypnotiseur, est de déterminer la profondeur de l'état d'hypnose dans lequel se trouve le sujet. Lors des premiers stades de l'induction, lorsque le sujet a encore les yeux ouverts, on peut constater la dilatation des pupilles et la vacuité du regard. Mais lorsque les yeux sont fermés, ces signes font défaut.

Comment évaluer la profondeur de l'état d'hypnose Sur le visage de certaines personnes apparaissent les signes manifestes du somnambulisme et de son teint de cire. Un certain nombre de mouvements réflexes peuvent se produire : battements de paupières, déglutition, crispation des doigts et des mains, pâleur du visage, parfois, modification du rythme et de la profondeur de la respiration. Le sujet peut aussi plisser le front ou froncer les sourcils, être agité de toutes sortes de mouvements spasmodiques qu'il est très difficile d'interpréter : sous hypnose, chaque individu réagit de façon entièrement personnelle. Seule l'expérience acquise par l'hypnotiseur lui permet de se faire une idée de la profondeur d'une transe.

Il existe néanmoins des tests permettant d'estimer la profondeur de l'hypnose : on peut, par exemple, annoncer au sujet que son bras, indépendamment de sa volonté, va s'élever dans les airs, ou encore qu'il est incapable de se lever de son fauteuil ou d'ouvrir les yeux. Selon que ces suggestions sont suivies d'effet entièrement ou partiellement, ce dont on se rend compte aisément, on aura une idée assez exacte de la profondeur de l'état d'hypnose du sujet.

La mise en condition On ne perdra pas de vue que toute expérience réussie est déjà une étape de la mise en condition. Si l'hypnotiseur, par exemple, place le bras du sujet bien droit dans l'alignement de l'épaule, et lui annonce que son bras va demeurer dans cette position, si alors le bras reste effectivement dans cette position, il s'agit non seulement d'un test, mais également d'un jalon qui prédispose le sujet à accepter la suggestion suivante.

Lorsque, d'après la respiration et l'allure générale du sujet, on juge que les suggestions ont été efficaces, on peut enchaîner en effectuant des tests permettant de vérifier et d'accroître la profondeur de la transe.

Premier test : le bras raidi
Prenez le bras du sujet et étendez-le doucement à partir de l'épaule jusqu'à ce qu'il soit en pleine extension. Imprimez-lui alors une légère secousse comme pour signifier que vous souhaitez le voir rester raidi en extension. Pour plus de clarté, si on lève le bras du sujet et qu'on le lâche brutalement, il tombera probablement le long du corps, mais si on le maintient fermement en extension pendant quelques secondes, comme si on attendait qu'il reste dans cette position, et si l'on retire les mains doucement, il restera en place. Il existe des nuances subtiles dans la façon de manipuler, de toucher, de déplacer, qui ne s'acquièrent qu'au prix d'une longue expérience et d'une attention de tous les instants. Si, lors de ce test, le bras du sujet demeure en extension, vous pouvez émettre la suggestion qu'il est en train d'adopter une position fixe et que le sujet aura beau essayer, il ne parviendra pas à baisser le bras. Poursuivez dans ce sens, et il est fort probable qu'effectivement il n'y parvienne pas. Laissez-le essayer pendant cinq à dix secondes, puis dites-lui doucement que lorsque vous allez lui toucher le bras, il pourra l'abaisser. Prenez-lui la main et, de votre main libre, caressez le bras doucement et abaissez-le tout en disant : « Les muscles du bras se relâchent, le bras va redevenir parfaitement normal et vous allez pouvoir l'abaisser sans difficulté. »

Second test : les yeux fermés
A partir de ce premier test, on peut enchaîner sur la suggestion de fermer les yeux. Annoncez au sujet : « Vous avez les yeux fermés, paupières serrées. Les paupières sont collées l'une à l'autre. Dans quelques instants, je vais vous demander de les ouvrir, mais vous n'y arriverez pas. Plus vous essayerez, plus elles seront soudées l'une à l'autre. » Répétez ces suggestions quelques instants encore, puis demandez au sujet d'essayer d'ouvrir les yeux. Quand il aura essayé quelques secondes, dites-lui de cesser tout effort et de se détendre. Poursuivez ce test en lui annonçant qu'il est collé au fauteuil dans lequel il est assis, qu'il a les pieds collés au sol et qu'il est incapable de remuer les muscles des jambes, que plus il y mettra d'efforts, plus il sera retenu dans son fauteuil, comme s'il y était plaqué par un poids invisible. Demandez-lui alors de se lever. Continuez à émettre des suggestions, en prononçant des commentaires sur le fait qu'il est incapable de se lever quand il essaie de toutes ses forces. Une fois qu'il aura essayé sans y parvenir, demandez-lui de se détendre et d'écouter votre voix. Vous pouvez alors l'informer du fait qu'il peut parler sans perturber pour autant son état de

transe. Demandez-lui de se mettre à compter, mais annoncez-lui qu'il sera incapable de compter au-delà de dix. Dans la majorité des cas, c'est précisément ce qui se produit.

Mise en condition par somnambulisme sous hypnose On commence à partir de la situation dans laquelle le sujet ne parvient pas à se lever de son fauteuil. On répète ce test et, lorsque l'on a de nouveau la preuve que les suggestions agissent, on demande au sujet de cesser ses efforts et de se détendre. Annoncez-lui alors que lorsque vous frapperez dans vos mains, il sera capable de se lever, que vous le prendrez alors par le bras et qu'il marchera avec vous. Ajoutez qu'il aura de plus en plus sommeil à chaque pas qu'il fera. Frappez alors dans vos mains et prenez-le par le bras fermement tout en répétant vos suggestions tandis que vous l'accompagnez sur une douzaine de pas. Donnez-lui alors la consigne de s'arrêter. Continuez à exiger de lui qu'il ait de plus en plus sommeil. Cette mise en condition approfondit l'état de transe.

Comme on l'a expliqué, celui-ci devient de plus en plus profond à chaque test. Il ne faut pas croire cependant qu'il suffise d'une série d'expériences pour aboutir à l'état d'hypnose. De nombreux sujets agissent comme s'ils étaient hypnotisés et exécutent les consignes qui leur sont données bien qu'en réalité ils ne soient pas en état d'hypnose profonde. Ils jouent un rôle parce qu'il leur faudrait trop d'efforts pour résister aux ordres de l'hypnotiseur. Mais n'oublions pas qu'ils souhaitent se faire hypnotiser dans le but de mettre à profit la suggestion sous hypnose. Ces dispositions complaisantes, si on en tire parti, permettent d'approfondir l'état de transe, mais qu'on se garde de croire que tout sujet qui obéit à des ordres est effectivement hypnotisé. Il n'y a pas deux sujets qui agissent et réagissent de la même manière. L'hypnotiseur doit juger par lui-même de la profondeur de la transe et du fait que le sujet est hypnotisé ou non. Les réactions du sujet aux consignes qui lui sont données servent toujours de critère d'évaluation en la matière. En règle générale, il y a une pause appréciable (de cinq à dix secondes) avant l'exécution d'une consigne. Le sujet en état d'hypnose montre la lourdeur caractéristique de la léthargie. D'ailleurs, une fois qu'on en a été témoin, les caractéristiques d'ensemble se reconnaissent aisément et ne trompent pas. L'apprenti hypnotiseur choisira et, l'expérience aidant, mettra au point des tests personnels. Il lui faudra peu de temps, s'il observe attentivement les réactions de divers sujets, pour se former une opinion exacte à propos de la profondeur d'un état d'hypnose.

Le sujet peut aussi parler
Si l'on adresse la parole à un sujet, normalement, il répond. Si ce n'est pas le cas, on lui annonce qu'il peut parler et on lui demande de répéter quelques mots à la suite de

l'hypnotiseur. On peut alors lui poser des questions. Si les questions portent sur des domaines susceptibles de le rendre mal à l'aise, il y a de fortes chances pour qu'il se réveille. La voix du sujet en état d'hypnose se caractérise par un ton particulier, sourd et monotone, et un volume plus faible que d'habitude, parfois à peine audible. L'allure générale est léthargique, ce qui, encore une fois, n'est pas nécessairement le cas de tous les sujets.

Mise en garde
Il convient avant tout de ne pas faire parler ni agir un sujet à l'encontre de sa dignité, et de ne rien lui suggérer qui soit de mauvais goût. Ne pas observer cette règle reviendrait à trahir la confiance que le sujet a placée en vous.

IX. L'INDUCTION VERBALE

L'induction et l'approfondissement de l'état de transe au moyen des seules paroles présente de nombreux avantages. Purement verbale, elle s'oppose aux méthodes plus formelles qui passent par tests et expériences. Elle est d'un grand intérêt en médecine générale : elle évite au praticien certains déboires, notamment celui de l'échec lorsqu'il tente d'hypnotiser un patient. Dans les colonnes d'une revue médicale britannique, le *British Medical Journal*, recommandant aux médecins de recourir davantage à l'hypnotisme, on pouvait lire dès le 19 août 1949 : « L'induction hypnotique consiste à annoncer au sujet, avec la plus grande conviction et sur un ton sérieux et impressionnant, quelque chose qui n'est pas rigoureusement exact (que ses membres, par exemple, s'alourdissent, que ses paupières se ferment, qu'il commence à avoir sommeil). Ces paroles sont prononcées parce qu'elles sont nécessaires, dans l'espoir que le fait même de les prononcer fera qu'elles se réalisent. Il est des tempéraments qui trouveront de tels procédés antipathiques ou ridicules, et cette méthode ne pourra alors s'appliquer avec l'assurance nécessaire et indispensable à sa réussite. » Il existe pourtant une façon de ne pas se heurter à cet obstacle. Lorsque l'on n'a recours qu'à l'induction verbale, on peut éviter de donner au sujet l'occasion de voir s'il est capable de désobéir aux consignes de l'hypnotiseur et, par conséquent, d'avoir une idée trop précise du pouvoir hypnotique qui s'est exercé sur lui. La suggestion thérapeutique peut fort bien s'administrer lorsque le sujet se trouve dans ce léger état d'hypnose. Dans bien des cas, celui-ci suffit amplement à la réussite du traitement.

Une perception du temps modifiée

Lorsqu'on cherche à rendre plus profond l'état de transe du sujet, on abaisse progressivement le volume de sa voix, jusqu'à ce que celui-ci se réduise à un faible murmure. Marquez des pauses fréquentes. Laissez au sujet tout le temps de réagir aux suggestions. La précipitation mène à l'échec. Il faut un certain temps à la suggestion pour s'imprimer dans l'esprit du sujet. N'oublions pas que plus l'état de transe est profond, plus il faut de temps au sujet pour réagir. En état d'hypnose, la perception du temps se modifie. Si les suggestions s'enchaînent trop rapidement, on risque d'en formuler une avant que le sujet ait eu le temps de réagir à la précédente, ou même de s'en imprégner, et elles s'annulent mutuellement. Par ailleurs, on risque de créer une confusion dans l'esprit du sujet si on y introduit deux idées en même temps. Son attention ne peut se fixer que sur une idée à la fois, et on pourrait perturber l'esprit du sujet si on lui en imposait davantage, au point d'interrompre la transe. Il est enfin nécessaire de parler lentement pour la simple raison qu'en provoquant son assoupissement et en le menant au sommeil, on souhaite précisément que l'esprit du sujet fonctionne au ralenti. Si l'on ne parle pas lentement, doucement, à voix basse, on risque d'entretenir sa vivacité d'esprit.

Comment approfondir l'état d'hypnose

Un état d'hypnose superficiel peut fort bien ne pas être très éloigné d'un état d'éveil normal, mais il est possible de le rendre plus profond au moyen de la seule parole. Le discours à tenir doit être à peu près le suivant : « Vous êtes bien assis dans votre fauteuil, vous n'avez rien à faire, qu'à vous détendre. Vous allez entendre ma voix en permanence, mais elle ne va nullement vous déranger. Vous allez vous apercevoir que le sommeil s'empare peu à peu de votre esprit tandis que vous restez assis. Vous n'allez pas essayer de penser à ce que je vous dis, mais vous allez entendre toutes mes paroles ; tandis que je parle, vous allez sentir que vos bras et vos jambes s'alourdissent. A chaque inspiration, vous sombrez un peu plus dans le sommeil... Une partie de votre esprit est déjà assoupie, mais vous continuez à entendre mes paroles. Vous êtes calme et détendu. Vous allez bientôt sentir vos mains et vos pieds s'engourdir. L'engourdissement gagne peu à peu bras et jambes, puis s'étend à tout le corps, mais vous vous sentez toujours aussi détendu, aussi bien. Vous cherchez à vous enfoncer davantage dans le sommeil, encore et encore. Inutile de vous interroger, de vous inquiéter, de raisonner. Vous êtes calme et paisible et rien ne peut venir vous déranger. Tout ceci, nous le faisons parce que les suggestions qui vont vous être adressées sont faites pour vous aider. Détendu et assoupi, endormi et éveillé à la fois, vous vous sentez de mieux en mieux. C'est exactement comme si vous étiez en train de vous enfoncer doucement, paisiblement, calmement dans le sommeil, dans un sommeil profond où rien ne peut venir vous déranger... et vous ne cherchez que le repos, et le sommeil de plus en plus profond. Vous vous enfoncez dans le sommeil et votre respiration se fait en même temps plus profonde. N'y prêtez pas attention, continuez à rester détendu. Les bruits extérieurs se font de plus en plus lointains, vous n'y faites pas attention. Vous ne pensez qu'à rester détendu, à rien d'autre. Le sommeil vous gagne, vous vous enfoncez dans le sommeil. Vous avez le corps détendu, plus aucune tension ne subsiste, et vous avez les bras et les jambes détendus.

Vous apprenez à vous laisser aller complètement, à glisser dans un sommeil profond, dans un sommeil profond. Quelques instants encore, et vous allez vous sentir parfaitement bien, bien au chaud, comme si vous étiez confortablement installé au coin du feu, trop fatigué pour vous préoccuper de quoi que ce soit ; votre seule préoccupation est de vous laisser glisser dans un sommeil profond, un bon sommeil réparateur. »

« Vous vous sentez peut-être la tête qui tourne, vous êtes peut-être dans un rêve tandis que je vous parle, ma voix vous semble peut-être plus lointaine, comme si elle s'évanouissait ; vous ne vous en inquiétez pas, vous vous enfoncez peu à peu dans le sommeil, dans un sommeil de plus en plus profond. »

On conseillera au lecteur de mettre au point une progression, de composer des phrases allant dans ce sens et de les posséder en mémoire, afin d'être prêt à formuler des suggestions destinées à rendre plus profond l'état de transe où se trouve le sujet.

X. SEANCES D'HYPNOTISME SUR SCENE

Il existe donc deux manières d'approfondir l'état d'hypnose. La première consiste à parler au sujet du sommeil qui s'empare de lui, et la seconde à lui faire exécuter un certain nombre de mouvements de mise en condition. En règle générale, il est préférable de combiner les deux. Voici un certain nombre d'années, on pouvait encore voir des séances d'hypnotisme exécutées sur scène, dont certaines étaient d'excellentes démonstrations. Dans de nombreux pays, la législation ne permet plus ce genre de représentation.

L'hypnotisme comme spectacle Sur scène, l'hypnotiseur pouvait s'y prendre de plusieurs façons différentes. Il pouvait, par exemple, inviter plusieurs volontaires à le rejoindre. Une fois qu'il en avait un nombre suffisant, il entreprenait de trouver parmi eux les meilleurs sujets potentiels. Il commençait donc par des tests et demandait, par exemple, à tous ses volontaires de joindre les mains, puis, en y mettant toute l'emphase nécessaire, il leur annonçait qu'ils avaient les mains soudées et qu'ils ne pouvait plus les desserrer. Certains parmi les volontaires ne pouvaient effectivement plus desserrer les mains : ceux-là pouvaient être gardés comme sujets.
Venait ensuite une série de tests semblables à ceux que nous avons décrits plus haut. Ceux des volontaires qui réagissaient le mieux aux suggestions restaient sur scène, tandis que les autres étaient renvoyés à leur place.
Une fois réalisée sa sélection, l'hypnotiseur avait donc devant lui les plus réceptifs parmi ses volontaires, et il s'employait ensuite à approfondir leur état d'hypnose. Puis il leur imposait d'exécuter des pitreries : il les enracinait au sol, les faisait jouer d'instruments ou leur faisait diriger des orchestres imaginaires, leur annonçait qu'ils étaient attaqués par des essaims d'abeilles ou en état d'ivresse après avoir bu un verre d'eau ; il les faisait entrer en catalepsie, puis leur marchait dessus ou s'asseyait sur eux. Y passait tout ce que pouvait concevoir l'imagination fertile de l'hypnotiseur pour distraire ses spectateurs. Certaines de ces représentations étaient du plus mauvais goût, mais toutes n'en étaient pas moins d'excellentes occasions de se faire une idée des différents stades de l'hypnose.

Voici une énumération des réactions du sujet, suivant les différents degrés de profondeur de la transe. N'oublions pas, cependant, que les réactions varient considérablement d'un sujet à l'autre. **Symptômes propres aux différents stade de l'hypnose**

1. Le sujet détourne son attention de ce qui l'entoure et la concentre entièrement sur l'hypnotiseur.
2. Le sujet se détend physiquement.
3. Clignements involontaires des paupières.
4. Réflexe de déglutition.
5. Les yeux se ferment (spontanément ou par suggestion).
6. Détente physique complète.
7. Respiration profonde involontaire.
8. Le sujet ne parvient plus à ouvrir les yeux, ni à desserrer les mains quand on le lui demande.
9. Le sujet ne parvient plus à remuer les membres, ni à se lever de son siège quand on le lui demande.
10. Perte de mémoire en transe.
11. Paralysie des cordes vocales (par suggestion).
12. Analgésie (insensibilité à la douleur) provoquée par suggestion lors de la transe.
13. Au réveil, le sujet obéit à des suggestions posthypnotiques simples.
14. Le tronc du sujet peut entrer en catalepsie.
15. Hallucinations auditives lors de la transe.
16. Amnésie posthypnotique (perte du souvenir des incidents liés à la transe).
17. Exécution des suggestions posthypnotiques les plus farfelues.
18. Analgésie posthypnotique.
19. Faculté d'ouvrir les yeux sans sortir de la transe.
20. Hallucinations visuelles au cours de la transe.
21. Hallucinations auditives posthypnotiques.
22. Hallucinations visuelles posthypnotiques.
23. Somnambulisme complet.

Celui qui pratiquait l'hypnotisme sur scène bénéficiait de nombreux avantages dont ne dispose pas l'hypnothérapeute. En effet, un hypnotiseur qui avait la possibilité de choisir dans la foule ou de rejeter ses sujets au moyen de tests éliminatoires, ne gardait bien entendu que les plus réceptifs à ses suggestions. Il avait ainsi d'autant plus de facilité à les hypnotiser. On comprendra aisément qu'il ne cherchait pas les sujets les plus difficiles, bien au contraire, et qu'il commençait par les plus faciles d'entre ceux qu'il avait retenus, car le succès rencontré auprès d'un sujet ne pouvait qu'influer sur les autres.
De nombreux autres facteurs entraient en ligne de compte. L'attente fascinée de la foule, la tension, chargée d'émotion, centrée sur le spectacle tant attendu, contribuaient à éveiller la superstition qui sommeillait en bon nombre de sujets et assuraient leur coopération. Par ailleurs, l'hypnotiseur

était un homme de spectacle qui possédait toutes les ficelles du métier et toute la faconde du professionnel.

L'engouement du public Ce type de spectacle ne manquait pas de susciter l'engouement du public, qui se pressait en nombre pour assister aux représentations publiques, d'hypnotisme. Si ces spectacles furent ressentis comme une atteinte à la dignité humaine par tous ceux qui ne supportaient pas de voir des adultes courir à quatre pattes, gronder comme des tigres ou enlacer des balais avec passion, il y eut cependant des retombées positives. Nombreux furent ceux qui, pour en avoir été témoins, cessèrent d'entretenir des doutes à propos de l'hypnose. Il est significatif que, depuis la grande époque de l'hypnotisme de music-hall, au lendemain de la Seconde Guerre mondiale, l'hypnose soit entrée, lentement mais sûrement, dans les pratiques thérapeutiques.

XI. COMMENT CONCLURE UNE SEANCE

D'ordinaire, le sujet se réveille très facilement — il est bien plus difficile de provoquer l'hypnose que d'y mettre un terme. Dans la majorité des cas, il suffit d'annoncer par sugestion que le sujet va ouvrir les yeux et se retrouvera tout éveillé à un moment donné (on peut, par exemple, compter jusqu'à six, le nombre six donnant le signal du réveil). La plupart du temps, cette méthode sera suffisante.

Pour ramener un sujet à l'état d'éveil Le compte à rebours est probablement l'une des meilleures manières de procéder : on annonce au sujet que l'on va compter de dix à un et que, lorsque l'on en arrivera au nombre un, il sera parfaitement éveillé et se sentira beaucoup mieux pour s'être reposé. On évitera de réveiller trop brusquement le sujet. Mieux vaut se tromper dans l'autre sens et provoquer un réveil trop lent, plutôt que trop rapide.

Le réveil d'un sujet en état d'hypnose profond Si l'on ne parvient pas à réveiller un sujet hypnotisé, ce qui a peu de chances de se produire, qu'on ne s'inquiète pas pour autant. On veillera à ce qu'il soit confortablement installé et à ce qu'il n'ait pas de vêtement trop serré (une cravate, par exemple) qui l'empêche de respirer. Puis on lui adressera les consignes suivantes : « Je vais vous laisser vous reposer. Dans quelques instants, vous allez commencer à vous agiter. Sans savoir pour quelle raison, vous allez chercher à vous réveiller. Quand vous vous sentirez gagné par l'agitation, vous vous mettrez à compter doucement dans votre tête, et quand vous en serez à neuf, puis dix, vous commencerez à vous réveiller. Vos paupières se mettront à remuer, comme si elles voulaient s'ouvrir. Quand vous en serez à quinze, vos yeux s'ouvriront d'eux-mêmes, et vous serez parfaitement éveillé. » On laissera alors le sujet, et il est fort probable qu'il se réveillera après quelques instants de repos. S'il ne se réveille pas, il n'y a pas lieu de s'inquiéter : on l'installera confortablement sur un lit ou sur un divan et on lui dira : « Vous allez continuer à vous reposer et, dans quelques instants, vous allez entrer dans un sommeil réparateur. Puis vous vous réveillerez, et vous vous sentirez bien reposé. » On ne laissera personne le réveiller. Que l'hypnotiseur soit présent ou non, le dormeur se réveillera après quelques minutes, ou quelques heures, de sommeil.

S'il n'y a pas lieu de s'inquiéter lorsque le sujet ne se réveille pas immédiatement après une suggestion le lui demandant, c'est tout simplement parce que l'état de transe se transforme tout naturellement en sommeil ordinaire, dont l'issue est un réveil normal. La durée de ce sommeil dépend de l'état de fatigue physique du sujet. L'hypnose permet ainsi un repos d'une qualité inaccessible au sommeil normal.

A son réveil, le sujet passe par différentes phases au cours desquelles il reprend un à un les fils de la conscience : il recouvre peu à peu ses facultés, mémoire, raisonnement, volonté... Le temps nécessaire au réveil varie d'un individu à l'autre.

Après une séance

Si l'hypnotiseur a infligé au sujet des suggestions allant à l'encontre de ses opinions, de ses désirs ou de ses intérêts, il y a de fortes chances pour que celui-ci, à son réveil, éprouve un sentiment d'animosité à l'égard de l'hypnotiseur. Cette animosité peut demeurer inconsciente, et se manifester de différentes manières. Le sujet peut, par exemple, avoir une attitude critique envers l'hypnotiseur ou ses façons de procéder, ce qui explique dans certains cas une certaine résistance à la consigne de réveil. On aura alors recours aux recommandations exposées plus haut.

D'aucuns se disent déçus lorsqu'ils se réveillent, affirmant avoir tout entendu et déclarant que l'hypnose est restée sans effet sur eux. Ceci tient aux idées fausses qu'ils se font de l'hypnotisme. La perte de conscience et l'amnésie auxquelles ils s'attendaient ne se produisent chez certains sujets que lorsqu'on a consacré plusieurs heures à leur mise en condition. Cependant, même si l'individu est convaincu de s'être trouvé dans un état de transe très superficiel, même s'il croit que l'hypnose est inefficace, les suggestions n'en exercent pas moins leur influence dans la plupart des cas, sauf si le sujet met tout en œuvre de façon délibérée pour prouver que les suggestions sont sans pouvoir sur lui.

Il arrive parfois qu'à leur réveil certains sujets soutiennent qu'ils n'ont pas été hypnotisés. Même si on peut leur prouver qu'ils n'arrivent pas à ouvrir les yeux quand bien même ils le désirent, ils n'en continuent pas moins d'affirmer qu'ils auraient été capables de les ouvrir ou de se lever s'ils l'avaient voulu. Il s'agit de cas dont la personnalité est structurée de telle sorte qu'ils ne peuvent admettre s'être trouvés sous la domination d'autrui.

Dans la plupart des cas, lorsque l'on a affaire à une personne soutenant que l'état de transe était superficiel, il convient de lui expliquer quelle est la nature de la transe hypnotique et en quoi il est parfaitement normal de percevoir des bruits extérieurs et de rester en harmonie avec l'hypnotiseur.

Il est inutile de chercher à convaincre ceux qui prétendent de façon péremptoire qu'on ne les a pas hypnotisés. Toute explication serait en pure perte. L'idée communément admise que l'on ne se rappelle rien au réveil, ne se vérifie que sur quelques rares sujets. Chacun, bien entendu, réagit différemment. Mais la plupart du temps, on se souvient de presque tout ce qui s'est passé au cours de l'hypnose, non sans une certaine distorsion des faits. N'oublions pas que même lorsque nous sommes à l'état d'éveil, nos souvenirs sont sujets à distorsion.

Il arrive que certains sujets, au réveil, se souviennent de tout, mais leurs souvenirs s'estompent à la manière dont les rêves s'évanouissent. D'autres ne se rappellent rien, puis les détails leur reviennent peu à peu, et ils finissent par tout se remémorer.

Suggestion d'amnésie posthypnotique

La suggestion incitant à l'oubli de tout ce qui s'est passé au cours de la transe peut être suivie d'effet comme elle peut ne pas l'être. Le succès de l'inhibition dépend directement du sujet, de son amour-propre, de son indépendance de caractère, de ses aspirations, de sa moralité, de sa conscience, de sa structure d'esprit autant que du contenu à réprimer.

On peut provoquer une amnésie à l'état d'éveil portant sur les événements de la transe, mais ces événements peuvent ressurgir lors de transes ultérieures.

Une fois sorti de l'hypnose, à l'état de conscience, il arrive souvent que l'individu se rappelle des fragments de phrases ou d'événements liés à la transe, mais il peut fort bien les attribuer au travail de son imagination, sans se rendre compte qu'il s'agit en fait d'éléments de souvenirs. En revanche, comme nous l'avons indiqué plus haut, un sujet hystérique est tout à fait capable de croire que des incidents se sont produits, qui ne sont en fait rien d'autre que le fruit de son imagination.

Deux principes fondamentaux de l'hypnotisme

Lorsqu'il réveille le sujet, la première question que doit se poser l'hypnotiseur est la suivante : « le sujet est-il complètement réveillé, et effectivement sorti de l'état d'hypnose ? » Il est impératif de s'en assurer, comme de vérifier qu'il ne reste plus de trace de l'état d'hypnose et qu'il ne subsiste aucune suggestion posthypnotique autre que celles destinées à aider le sujet (à se détendre, par exemple).

Il sera question des suggestions posthypnotiques au chapitre suivant.

XII. LES SUGGESTIONS POSTHYPNOTIQUES

Les suggestions posthypnotiques sont, à proprement parler, des suggestions à effet différé. Il s'agit de suggestions hypnotiques dont l'exécution est reportée à plus tard. Lorsque le sujet se trouve en état d'hypnose, on peut par exemple lui demander d'agir de telle ou telle façon lorsqu'il reconnaîtra un signal donné. Lorsque vient le moment, le sujet, en état d'éveil et jouissant pleinement de toutes ses facultés, s'acquitte de la tâche qui lui a été assignée. Il n'est d'ailleurs pas nécessaire d'imposer une tâche spécifique : une attitude mentale suffit. La suggestion peut porter sur l'attitude du sujet à l'égard, par exemple, d'une peur qui lui est habituelle, lui demandant de modifier son comportement. Et − s'il ne s'exerce pas d'influence contraire plus forte − c'est effectivement ce qui se produit. Avec le temps, cependant, l'influence des suggestions posthypnotiques finit par s'estomper. Elles doivent donc avoir pour principal objet de mettre en place des habitudes favorisant une meilleure adaptation à la vie. Celles-ci ont alors alors toutes les chances de se substituer au comportement que l'on cherche à corriger. A cet égard, il est bien évident que la simple répétition de phrases toutes faites comme : « Vous vous sentez beaucoup mieux », n'aura pas le même impact que des suggestions préparées soigneusement et avec patience. Pour préparer des suggestions, il faut souvent consacrer un temps considérable à l'étude des troubles dont se plaint le sujet et à leurs symptomes, ainsi qu'au passé de celui-ci, à ses antécédents médicaux, aux contraintes et aux limites de son mode de vie, ou encore à son attitude face à l'existence.

Suggestions à éviter

Les suggestions doivent non seulement aller dans le sens des désirs du patient (on peut en effet qualifier à juste titre le sujet de patient, dans la mesure où il cherche de l'aide) mais aussi correspondre à des objectifs réalisables en pratique, faute de quoi il n'y aura pas d'amélioration. On ajoutera qu'il convient d'éviter de formuler des suggestions posthypnotiques qui seraient susceptibles de changer du tout au tout la vie du patient : on ne lui demandera donc en aucun cas de prendre telle ou telle décision, de faire tel ou tel choix, de changer d'emploi, par exemple, de se marier, ou encore de rompre une association. L'hypnothérapeute est un technicien dont le patient attend qu'il agisse ponctuellement sur son univers mental et émotionnel, l'aidant ainsi à reprendre confiance en lui, à maîtriser et à infléchir sa propre existence et à prendre ses propres décisions.

Lorsqu'un patient a besoin d'être soulagé de son anxiété, les suggestions posthypnotiques se formulent de la façon suivante : « Dans quelques minutes, je vais vous réveiller... et quand vous vous réveillerez, vous allez vous apercevoir que quelque chose a changé. Vous vous sentirez soulagé et toute trace d'anxiété aura disparu. Vous éprouverez un bien-être profond. » On insistera sur la disparition des tensions et sur le soulagement physique et mental. On ne perdra pas de vue le respect de soi et le bien-être du sujet. On s'efforcera d'entretenir sa confiance et sa sympathie, sans lesquelles les suggestions resteraient lettre morte. Il est difficile d'énoncer des règles absolues, car il existe de nombreux paramètres variables, dont le premier est l'attitude inconsciente du patient.

Expériences de suggestions posthypnotiques

Lorsque l'hypnotiseur se livre à de telles expériences, il devra veiller à ce que le sujet ne puisse en aucun cas exécuter par la suite sa suggestion posthypnotique s'il rencontre accidentellement le même signal déclencheur. Si, par exemple, on a annoncé au sujet que lorsqu'il se trouvera en présence d'un verre d'eau il aura l'impression d'avoir très chaud, et si on oublie d'annuler la suggestion à l'issue de la séance, il pourrait arriver au sujet, quelques jours plus tard, d'être perturbé par la même impression de chaleur à la vue d'un verre d'eau. L'hypnotiseur doit donc se montrer attentif et annuler soigneusement toute suggestion posthypnotique qui n'aurait pas pour objet le bien-être de l'intéressé.

Il est d'ailleurs vivement recommandé d'informer le sujet de la nature des suggestions qui lui ont été adressées lorsqu'il se trouvait en état d'hypnose. Il se peut qu'il en ait le souvenir, comme il se peut qu'il n'en ait aucun. S'il se trouvait en état d'hypnose profonde, il est possible qu'il y ait amnésie, mais il n'est pas impossible non plus que la mémoire lui revienne ultérieurement. S'il se rend compte alors que l'hypnotiseur ne lui a pas révélé tout le contenu de ses suggestions, sa confiance pourrait s'en ressentir.

La confiance du sujet

L'hypnotiseur cherchera toujours a travailler dans un climat de confiance totale avec son sujet. Les suggestions qui sont effectuées lors de l'hypnose doivent être expliquées au sujet lorsqu'il se trouve à l'état d'éveil, afin qu'il puisse intellectuellement se faire une vue d'ensemble du traitement. Ses aspirations et ses efforts conscients et inconscients devraient tendre vers les mêmes objectifs. Lorsqu'une suggestion posthypnotique provoque une résistance chez un individu, celui-ci se sent mal à l'aise et ses efforts tendent à contrer les effets de la suggestion indésirable. Tension et anxiété trouvent une résolution immédiate, cependant, dès qu'il y a eu exécution des consignes. Si l'on interroge alors le sujet sur les raisons de son acte, il trouve en général une explication rationnelle et les prétextes les plus ingénieux.

Effets persistants d'une suggestion posthypnotique La durée des effets d'une suggestion posthypnotique est variable, selon que la suggestion correspond ou non au caractère de l'individu, à ses aspirations, à ses habitudes, à ses intérêts. Lorsque la suggestion va à l'encontre de son amour-propre, par exemple, ses effets s'estompent plus rapidement que si elle agit de façon bénéfique et agréable. Il peut arriver que le sujet reconnaisse la suggestion posthypnotique lorsque son influence se manifeste, comme il est possible qu'il ne s'en aperçoive pas. Il peut, par exemple, n'avoir aucune idée de ce qui le pousse à se lever et à déplacer les aiguilles d'une pendule, ou à disposer les meubles autrement. Mais il peut tout aussi bien avoir une vague idée qu'il se trouve sous influence, ou même qu'il exécute une suggestion qui lui a été adressée quand il était sous hypnose. Autrement dit, les suggestions posthypnotiques, comme tous les autres phénomènes liés à l'hypnose, produisent des réactions variables suivant les individus.

XIII. L'AUTOHYPNOSE

L'autohypnose est une branche de l'hypnose qui n'a pas reçu toute l'attention qu'elle méritait. L'auteur de cet ouvrage, pour avoir pendant plus de vingt ans traité des patients au moyen de l'hypnose, est fermement convaicu qu'en ajoutant au traitement des consignes et une formation autohypnotiques, on aboutit à de meilleurs résultats.

Il y a bien sûr des exceptions, des cas où l'on ne peut être assuré que le patient saura trouver les suggestions les mieux adaptées. Il est alors déconseillé de les initier à cette méthode.

Les objectifs de l'autohypnose

L'idée de départ qui incite les gens à tenter un traitement par l'hypnose, que ce soit pour guérir de certains troubles, pour retrouver confiance en soi ou pour surmonter une infirmité, cette idée est avant tout d'aboutir à une plus grande maîtrise de soi... et certainement pas de devenir un robot privé de toute volonté. C'est pour cette raison que l'autohypnose, qui permet d'agir sur soi, ouvre des perspectives intéressantes.

S'il est vrai que l'hypnothérapeute est parfois amené à jouer un rôle de « guérisseur mental » lorsqu'il ne peut obtenir d'un patient qu'il coopère au moyen de l'auto-suggestion, il n'en devrait pas moins, à mon sens, faire tout son possible pour expliquer à son patient les principes de la suggestion. Celui-ci serait alors à même d'effectuer quotidiennement des séances d'autosuggestion, ce qui présenterait au moins deux avantages : il pourrait éviter à la fois le risque d'une rechute et celui d'une dépendance excessive envers l'hypnotiseur. En outre, lorsque le patient s'engage activement, son moral s'affermit, et il a également la possibilité de s'administrer des suggestions portant sur sa vie personnelle intime.

Toute hypnose est autohypnose

On affirme souvent que toute hypnose est avant tout autohypnose, et il y a effectivement une bonne part de vérité dans cette affirmation. Paradoxalement, c'est l'idée que le sujet se fait du mystérieux pouvoir de l'hypnotiseur qui confère à celui-ci une bonne partie de son pouvoir. Si le sujet, en revanche, doutait des capacités de l'hypnotiseur, il est hautement improbable qu'il y aurait hypnose.

L'initiation des patients à l'autohypnose est grandement favorisée par le fait qu'une fois atteint l'état de transe, ce « pouvoir mystérieux » peut être transmis au patient au moyen de suggestions posthypnotiques telles que « Tout ceci, vous pouvez y arriver tout seul. » C'est ainsi que l'on permet au patient de contribuer à son propre traitement. Et c'est pour cette raison, précisément, que l'autohypnose est un des aspects majeurs de l'hypnose.

L'autohypnose en Afrique et en Inde

J'ai personnellement commencé à croire aux vertus de l'autohypnose voici bien des années, en conclusion d'expériences effectuées lors d'une tournée de conférence sur l'hypnotisme. Par la suite, il m'a été donné de constater les puissants effets produits par l'autosuggestion, lorsque l'imagination naïve et la superstition de certaines peuplades se soumettaient à l'influence et aux manipulations de leurs sorciers et guérisseurs.

Mes convictions à propos du pouvoir de l'autosuggestion se sont encore renforcées alors je complétais mon initiation au yoga, en Inde. Elles se sont trouvées confirmées par les résultats obtenus par des élèves que j'avais initiés aux méthodes de l'autosuggestion et de l'autohypnose. Enfin, une autre preuve m'en est donnée quotidiennement : les effets négatifs de l'autosuggestion chez ceux qui souffrent de troubles nerveux ou psychosomatiques.

Exemples d'autohypnose inconsciente

L'un des premiers exemples du pouvoir de l'autohypnose qu'il m'ait été donné de voir se produisit en Australie, il y a de nombreuses années. Je donnais à Sydney une conférence sur la psychologie, que je terminais sur une démonstration d'hypnotisme − j'avais pour cela fait appel à des volontaires. Me tournant vers l'un d'eux, je lui fis, de la main, signe de s'asseoir. A ma grande surprise, ce seul geste avait suffi pour le faire entrer en transe. Je ne lui avais pas dit un mot, et n'avais rien entrepris pour l'hypnotiser. C'est donc la charge émotionnelle de son attente et une interprétation erronée de mon geste qui, à son insu, l'avaient amené à s'autohypnotiser. Ce volontaire était de ceux chez qui la transe peut être provoquée instantanément, comme il a été décrit plus haut. Le psychologue français Janet appelle somnambulisme instantané ce type d'induction. Il s'agit d'un cas extrême, et spectaculaire, d'autosuggestion. En de multiples occasions, au cours de voyages en Australie, en Nouvelle-Zélande, en Afrique ou en Inde, d'autres preuves m'ont été données du pouvoir de l'autosuggestion, non seulement en raison des résultats et des changements obtenus auprès des étudiants à qui j'enseignais l'autohypnose, mais également dans la vie quotidienne de peuplades ou de villages où elle entre dans certaines pratiques religieuses ancestrales.

En Afrique et en Inde, j'ai saisi toutes les occasions qui m'étaient offertes de rencontrer sorciers, gourous et guérisseurs, ou d'assister aux cérémonies de guérison. J'ai eu autant de preuves que la suggestion et, plus encore, l'autosuggestion étaient des facteurs fondamentaux de guérison. La cérémonie religieuse du Kavady, en Inde, offre un exemple d'autohypnose : ses adeptes s'insensibilisent ainsi le corps aux piqûres des aiguilles dont ils se transpercent la langue et les chairs. En Malaisie, on rencontre des cérémonies un peu similaires, au cours desquelles on utilise le feu et des sabres. En Afrique, danses, percussions et incantations, par leurs rythmes répétitifs, provoquent des transes chez bon nombre de participants.

Le principe de l'autohypnose

Même si les cérémonies auxquelles il a été fait allusion sont très différentes en apparence, elles présentent plusieurs points communs. La plupart de ceux qui y prennent part cherchent en effet la guérison. Le praticien, qu'il soit prêtre, sorcier ou guérisseur, officie selon un rituel qui répond aux croyances et aux superstitions (religieuses ou simplement culturelles) des adeptes et patients. Ceux-ci ont été élevés dans ces croyances et se conforment aux rites qui y sont liés. Quels que soient ces rites, ils les conduisent à un état de transe, ce qui revient à dire qu'il y a hypnose. Si le sujet est réceptif et réagit convenablement, et si les troubles dont il souffre sont d'origine psychosomatique, il y a de fortes chances pour qu'il se produise ce que la médecine appelle un cas de guérison spontanée.

Les méthodes de ces praticiens empiriques peuvent sembler curieuses aux yeux de l'observateur occidental. Elles aboutissent pourtant à la même proportion de guérisons que les thérapies que nous reconnaissons et pratiquons : les troubles d'origine psychosomatique affectent sans discrimination les gens simples et superstitieux, comme ceux qui sont hautement évolués.

Dénominations différentes pour un phénomène de même nature

Si l'on tient compte des procédés — rites hauts en couleur d'une part, processus sobre et simplifié d'autre part — de la superstition qui entre en jeu chez des gens plus simples et dénués de jugement critique par opposition à notre hypnose clinique, la différence est plus affaire de terminologie que de nature.

Ma propre expérience du yoga me porte à conclure que les premières étapes de la transe du yogi sont identiques à ce que nous appelons autohypnose. Aucune école de psychologie, aucune pratique religieuse, aucune philosophie ne possède le monopole de l'état de transe : il s'agit d'un phénomène mental universel observable sous toutes les latitudes et totalement indépendant de la culture et du niveau d'intelligence.

Comme on l'a vu, on peut entrer en transe de différentes manières, depuis le rite religieux jusqu'à l'induction clinique. De même, selon son appartenance culturelle, on lui attribue des causes différentes. Certains croient qu'elle est voulue et provoquée par leurs dieux, d'autres l'attribuent aux esprits et à la magie, d'autres encore à l'autosuggestion. Une fois produit, l'état de transe permet de poursuivre divers objectifs, de l'analgésie (insensibilité à la douleur) à un regain de confiance en soi, en passant par une concentration exclusive sur l'objet de ses études, la guérison de certains troubles, la recherche d'une perception extra-sensorielle ou, comme dans la pratique du yoga, une quête spirituelle.

Celui qui s'initie à l'hypnotisme aura tout intérêt à approfondir dans toute la mesure du possible l'autohypnose. Il pourra ainsi tour à tour être hypnotiseur et sujet, et il pourra tirer le meilleur parti des techniques de l'autohypnose et de l'autosuggestion.

XIV. INITIATION A L'AUTOHYPNOSE

La façon la plus commode d'aider un sujet à apprendre l'autohypnose consiste à inclure une suggestion posthypnotique, de l'ordre de : « Vous allez maintenant réussir à vous hypnotiser seul. » Mais, bien entendu, ceci ne constitue qu'un préambule, et il sera nécessaire de fournir au sujet des explications et de lui donner des consignes, que nous allons exposer dans ce chapitre. On ne peut malheureusement pas se contenter d'une unique suggestion posthypnotique du type de celle que nous avons énoncée, suivie d'un processus simple (comme un compte à rebours accompagné d'une phrase disant en substance « et lorsque vous arriverez à "un" vous entrerez en état d'hypnose et serez à même de formuler vos propres suggestions »). D'autres facteurs sont à prendre en considération.

Mesures de protection

Comme il a été dit plus haut, on n'enseignera l'autohypnose qu'aux sujets raisonnables et capables, qui ne s'amuseront pas à formuler des suggestions déplacées et susceptibles de nuire. Dans leur intérêt également, un certain nombre de mesures de protection peuvent être prises, en formulant des suggestions telle que la suivante : « Si quelqu'un frappait à la porte de la pièce où vous êtes en train de faire une séance d'autosuggestion, vous vous retrouverez immédiatement en état d'éveil. » A ces suggestions, on peut ajouter : « Si, lorsque vous vous trouvez en état d'autohypnose, vous entendez une remarque, quelle qu'elle soit, celle-ci restera sans influence sur vous. » Dans le même ordre d'idées : « Seules les pensées constructives et bénéfiques pourront s'enregistrer dans votre inconscient. » Autre suggestion destinée à protéger le patient contre toute personne qui chercherait à profiter de sa réceptivité accrue : « Personne ne pourra vous hypnotiser sauf si vous le demandez expressément. » Si vous avez le sentiment qu'une barrière absolue est nécessaire, formulez la suggestion suivante : « Personne ne pourra vous hypnotiser sauf demande écrite de votre propre main. Si l'hypnose est nécessaire pour effectuer des soins dentaires ou autres, faites-en une demande écrite que vous remettrez à votre dentiste ou à votre hypnothérapeute. »

Une autre suggestion pourra s'avérer utile à certaines personnes : « Jamais vous n'éprouverez aucune difficulté à vous réveiller... si vous entrez dans un état d'hypnose profond, celui-ci deviendra sommeil normal et de ce sommeil vous vous réveillerez tout à fait normalement ; vous vous sentirez alors parfaitement frais et dispos. »

Lorsque vous initiez aux méthodes d'autohypnose un sujet ou un patient qui n'a aucune connaissance de son propre fonctionnement psychologique, il est recommandé de commencer par lui donner une idée de la manière dont l'inconscient contrôle et influence plusieurs de nos fonctions physiologiques, ainsi que notre état d'esprit et nos attitudes mentales. On pourra alors lui expliquer comment, au moyen de l'autosuggestion, il peut lui-même agir sur son propre inconscient.

Compléments d'information

Dire à quelqu'un *et parler à quelqu'un*
L'hypnotiseur ou l'hypnothérapeute peut s'adresser à son patient selon deux modes différents. A un moment donné, il propose des explications, décrit un processus, expose ses raisons, rassure, apporte la preuve de ce qu'il avance : il soumet ses propos à l'examen critique du patient. A un autre moment, ses propos font autorité, et il n'est plus question qu'ils soient analysés ni contestés.
Pour reprendre cette distinction, lorsque nous nous adressons à quelqu'un, ou bien nous soumettons nos propos à son esprit critique, ou bien nous ne tenons pas compte de son attitude et nous lui disons que... ou lui disons de...
L'hypnothérapie, dans bien des cas, passe par le discours autoritaire et l'emphase. Ceci ne signifie en aucune façon qu'il faille élever la voix ni utiliser un discours ampoulé : on risquerait de susciter des réticences et des résistances.
Lorsque nous fournissons des explications à quelqu'un, celui-ci prend part au processus en pensant à nos propos ; lorsque nous avons besoin d'être autoritaire, son rôle devient purement passif.
Lorsque l'on initie quelqu'un à l'autohypnose, il est préférable de se montrer un peu trop autoritaire, plutôt que trop amical et décontracté. On évitera de sourire ou de faire de trop longs silences : l'hypnotiseur qui sourit, se montre hésitant ou mal à son aise, rend sa tâche plus difficile. Il convient donc de savoir doser pour adopter une attitude de ferme autorité, tout en évitant de provoquer résistance et animosité, et pour se montrer rassurant en évitant d'être familier.
Le mode autoritaire n'est pas seulement déterminé par le ton employé, mais aussi par le choix des mots et les tournures de phrases. Les guillemets qui sont utilisés ici indiquent que le contenu de discours qu'ils encadrent ne s'adresse pas au lecteur, mais au patient : il s'agit du contenu de discours que l'on peut lui adresser en l'initiant à l'hypnose.

Présentation de l'autohypnose Après quelques explications préliminaires à propos de l'inconscient et de l'influence que peut exercer sur lui la suggestion hypnotique, on pourra poursuivre ainsi : « L'autohypnose peut vous aider de façon considérable. Quand je vous aurai donné quelques explications supplémentaires à propos de l'autohypnose, je vais vous hypnotiser. Je vous adresserai ensuite des suggestions posthypnotiques qui vous permettront de vous hypnotiser vous-même. Vous pourrez ainsi vous servir de l'autohypnose chaque fois que vous le souhaiterez. Une fois que vous possèderez bien cette méthode, vous n'aurez plus besoin de mon aide. »

Description de l'état d'hypnose « Lorsque je vous hypnotiserai, ou lorsque vous vous hypnotiserez, il ne faut surtout pas vous attendre à entrer dans quelque domaine mystique extraordinaire. Ce ne sera qu'une expérience agréable et reposante, rien de plus. Vous passez en fait deux fois par jour par cet état sans vous en rendre compte... le matin au réveil et lorsque vous vous endormez. La transition du sommeil à l'état d'éveil ne se fait pas aussi brusquement qu'il y paraît. Au moment même où nous sombrons dans le sommeil, notre conscience s'estompe rapidement mais, juste avant cette perte de conscience, nous passons brièvement par un état de conscience hypnagogique. Nous sommes alors à la frontière entre le conscient et l'inconscient, mais notre passage par cet état est si bref que nous n'en avons aucun souvenir au réveil.

« Lorsqu'on se trouve à l'état d'hypnose, la conscience normale s'efface et sombre, pourrait-on dire, sous la surface de l'esprit pour approcher de cette frontière, de ce noman's-land qui sépare le conscient de l'inconscient... mais, au lieu de sombrer dans l'oubli du sommeil, nous restons à mi-chemin entre le conscient et l'inconscient, dans un état qui relie l'un à l'autre. C'est précisément parce qu'il établit ce lien entre les deux, que cet état peut servir de relais vers l'inconscient aux suggestions et consignes qui lui sont transmises.

« Ce relais s'effectue en laissant dans le silence les suggestions passer par l'esprit. Lorsque vous êtes dans cet état, vous vous adressez à vous-même, car le conscient parle à l'inconscient, ou lui adresse ses consignes : c'est l'autohypnose. Vous pouvez vous représenter le conscient comme celui qui dirige, l'inconscient comme celui qui exécute les ordres reçus. Il arrive que celui qui dirige ait à entrer lui-même en contact avec l'exécutant. C'est précisément ce que vous allez faire lorsque vous entrerez en état d'hypnose et que votre esprit viendra à la frontière de l'inconscient pour lui donner ses ordres. »

Pour rassurer le sujet

« Vous n'avez aucune raison de vous inquiéter lorsque je vous hypnotiserai ou lorsque vous vous hypnotiserez, car je formulerai des suggestions pour vous protéger. » Si le sujet présente des signes d'inquiétude, demandez-lui s'il a des appréhensions ou des doutes. Parlez-lui ainsi : « Ne vous inquiétez pas, il ne vous sera fait aucun mal. Lorsque je vous hypnotiserai, je formulerai des suggestions pour que vous détendiez et n'ayez aucune inquiétude. Même sans mes suggestions, une partie de votre inconscient restera en état d'alerte, comme une sentinelle, exactement comme lorsque vous dormez. Si cet état de vigilance n'existait pas, vous n'auriez aucun souvenir de vos rêves, et vous ne seriez pas réveillé par les bruits soudains. Une partie de votre inconscient se mobilise pour assurer votre protection, que vous soyez en état d'hypnose ou de sommeil normal. Vous comptez sur l'aide de votre inconscient et vous comptez sur lui pour veiller sur vous. Si vous entrez dans un état de transe profond quand vous vous hypnotiserez, la transe débouchera sur un sommeil normal. »

Considérations matérielles

Faites en sorte que la pièce où vous effectuez la séance d'hypnose soit calme, qu'il n'y ait pas d'interruption, que la pièce ne soit ni trop chaude ni trop froide et, détail qui a son importance, qu'il n'y ait pas de courants d'air. Veillez à ce que le sujet soit confortablement installé, assis ou allongé, pendant que vous lui adresserez ces remarques préliminaires. Demandez-lui de se détendre pendant qu'il vous écoute, ce qui lui évitera de s'agiter et de s'inquiéter et le rendra plus disponible et plus réceptif au moment de l'induction.

Chaque hypnotiseur travaille à sa manière, pour la bonne raison qu'il met au point une méthode personnelle, qui correspond à son expérience et à sa personnalité. Une excellente façon d'entrer en matière consiste à demander au sujet de respirer profondément. On peut commencer ainsi : « Maintenant, inspirez... profondément... plus profondément... bien, et maintenant, expirez... doucement... inspirez encore... » C'est une manière de se ménager une transition qui permet à l'hypnotiseur d'entrer dans son rôle autoritaire et d'amorcer l'induction avec naturel, en douceur, sans brusquer le sujet.

Pour hypnotiser le sujet

Imaginons que vous ayez recours au regard, selon une des méthodes exposées plus haut : on maintient un objet, une bague, par exemple, ou un stylo, à une quarantaine de centimètres du visage du sujet, mais un peu plus haut que les yeux, pour l'obliger à lever un peu le regard. On déplace lentement l'objet d'une quinzaine de centimètres vers la droite, puis on en fait autant vers la gauche. Répéter ce mouvement de droite à gauche, en demandant au sujet de le suivre des yeux. Tandis que l'attention du sujet est centrée sur l'objet que l'on tient devant lui, on veille à ne pas cesser de lui parler, de façon à créer une faille dans son esprit. On lui annonce que ses yeux ne tarderont pas à sentir la fatigue, et qu'il va bientôt cligner des paupières malgré lui. Lorsque effectivement il cligne des paupières, on lui annonce que celles-ci vont se faire de plus en plus lourdes et qu'il aura de plus en plus de peine à ouvrir les yeux. On continuera sur le même thème, en variant la formulation.

Bientôt ses yeux éprouveront une lassitude, provoquée par l'effort fourni pour lever le regard d'une part, et par la proximité de l'objet fixé d'autre part. L'on peut alors, à l'insu du sujet, augmenter la tension exercée par le dé-placement de l'objet de droite à gauche, en haussant légèrement l'objet et en le rapprochant du visage du sujet, mouvement qui obligera les muscles de l'œil à intensifier leur effort.

Les moments durant lesquels les yeux du sujet se fermeront vont s'allonger ; lorsque ceci se produira et que l'on décèlera des signes de fatigue dans ses yeux, on lui dira de se reposer, les yeux fermés. L'on poursuivra en utilisant les formules visant à approfondir l'état d'hypnose évoquées précédemment. Le procédé de suggestion exposé ci-dessus, ou d'autres méthodes décrites aux chapitres 5 et 6, peuvent être utilisés dans l'enseignement de l'autohypnose, mais l'expérience aidant, le praticien ne tardera pas à essayer des méthodes qui lui seront propres.

Pour parvenir à l'état d'hypnose profond

L'on continue d'appliquer le procédé d'approfondissement de l'état d'hypnose jusqu'à ce que certains signes indiquent clairement que le sujet est hypnotisé : sa tête s'incline, son corps se voûte ... Il est possible de se livrer à un test ; toutefois, en cas de doute, on formulera les suggestions de telle sorte que le sujet ne puisse pas réfuter ce qu'il entend : ainsi, si on lui dit « Vous ne pouvez pas lever le bras », et qu'il lève aussitôt le bras — ce qui risque effectivement de se produire si le sujet n'est que légèrement endormi — l'autorité de l'hypnotiseur s'en trouvera ébran-lée. En conséquence, pour toute confirmation, il est plus judicieux de prolonger la démarche visant à plonger le sujet dans une transe profonde, avant d'avoir recours à des tests probants. Lorsqu'il devient manifeste que le sujet est assez détendu, on peut énoncer les suggestions requises par lui, ou d'autres que l'on jugera salutaires. A l'issue de cette étape, on passe à celle des suggestions posthypnotiques qui permettront au sujet de s'autohypnotiser et d'enregistrer ces suggestions dans son inconscient.

Il est préférable de fournir au sujet des consignes très précises quant au déroulement souhaitable des séances d'autosuggestion. Indiquez-lui une démarche systématique, comme par exemple : « Lorsque vous êtes sur le point d'entamer une séance d'autohypnose, respirez profondément dix fois : vous éprouverez ainsi une sensation de détente et de somnolence. Si vous êtes allongé sur le dos, regardez le plafond ; si vous êtes assis, regardez droit devant vous et comptez en silence jusqu'à dix ; à dix, vos yeux se fermeront d'eux-mêmes et vous continuerez de compter en silence, en ressentant un besoin de sommeil accru. A vingt, cessez de compter et reposez-vous : vous aurez alors sombré assez profondément pour que votre inconscient soit en mesure de recevoir des suggestions. »
Puis l'on rappelle le déroulement au sujet : « C'est précisément au moment où vous atteignez cet état de détachement, quel qu'en soit le degré, que vous laissez les suggestions vous envahir l'esprit dans le silence, à la manière que je vous ai indiquée. »

Préparation à l'autohypnose : suggestions posthypnotiques

Au terme de la phase précédente, déclarez au sujet qu'il n'éprouvera jamais de difficulté à sortir de l'état d'hypnose, avant de lui recommander une démarche simple qu'il devra utiliser à chaque fois pour clore ses séances d'hypnose — par exemple, un compte à rebours de cinq à un — en lui indiquant qu'à « un » il sera dispos et tout à fait éveillé. Une fois la séance menée à son terme et le sujet parfaitement éveillé, on veillera à ce que celui-ci ait bien saisi la démarche à répéter, dans le cadre du processus d'autohypnose comme dans celui du processus de réveil. Il est également judicieux de l'amener à reproduire l'opération d'autosuggestion devant vous, afin de vous assurer que chaque détail est parfaitement assimilé. Vous signifierez ensuite fermement au sujet que, quand bien même il n'aurait été que légèrement affecté par les suggestions hypnotiques, celles-ci parviendront jusqu'à son inconscient. En effet, même dans certains cas où l'effet induit pendant les séances a paru minime, on constate très régulièrement à l'issue de l'expérience autosuggestive des résultats fort positifs.

Les suggestions posthypnotiques qui aident le sujet à achever une séance d'autohypnose

L'autohypnose s'avère être une thérapie précieuse dans de nombreux cas de figure : maux prolongés notamment, où

Utilisations de l'autohypnose

seul le temps permet aux changements souhaités de pouvoir s'opérer, ou bien prises de poids indésirables, ou encore mauvaises habitudes qui peuvent se révéler aussi longues à supprimer qu'elles ont été lentes à s'établir. L'autohypnose constitue une méthode thérapeutique inestimable, puisqu'une fois le patient bien avisé et rompu à la procédure à adopter, il peut s'administrer à discrétion des séances d'hypnose ou d'autosuggestion, en faisant l'économie du temps et de l'argent qu'impliquent les consultations chez un hypnothérapeuthe.

XV. L'HYPNOSE ET LA MEDECINE CONVENTIONNELLE

Il n'est pas rare d'entendre les autorités médicales imputer une proportion importante des maladies actuelles au stress et à des troubles émotionnels. Selon certaines estimations, quelque soixante pour cent de nos lits d'hôpitaux sont occupés par des malades atteints de ce type de maux. Au moment même où l'on observe un accroissement de ce type d'affections, il faut vraisemblablement s'attendre à une alarmante pénurie de médecins pour les années à venir. Dès lors, il va sans dire que la perspective affligeante qui se présente à l'horizon des prochaines décennies est un nombre croissant de malades qui ne recevront pas les soins dont ils auront besoin, faute de personnel. Cette réalité malheureuse n'est qu'un des nombreux problèmes auxquels se voit confrontée une société en évolution extrêmement rapide.

On parle aujourd'hui d'un effondrement possible de la Sécurité Sociale ; qu'il se produise ou non ne changera rien à des données inéluctables : une pénurie de médecins et un nombre sans cesse grandissant de malades atteints de troubles psychosomatiques. Ce panorama inquiétant de la santé publique (en Grande-Bretagne mais aussi dans nombre des pays industrialisés, sans même évoquerla situation des pays en voie de développement) conduit à émettre la remarque suivante : il existe un moyen précieux de venir en aide aux médecins surmenés et de rendre la thérapie accessible à une multitude de gens, moyen qui n'a pas reçu à ce jour toute la reconnaissance qu'il mérite.

Les propos que je tiendrai dans ce chapitre sont le fruit de plus de vingt années de travaux thérapeutiques. Mon expérience atteste que l'on peut former des groupes à la pratique de techniques hypnothérapeutiques, et donc à s'administrer par eux-mêmes des soins. Pour peu que ces méthodes soient employées par la médecine conventionnée, dans le cadre de l'action préventive notamment, elles permettraient dans bien des cas de faire l'économie du recours à la psychothérapie : les effets en seraient aussi spectaculaires que ceux de l'application de la solution antibiotique au traitement d'affections physiques.

Les propositions qui suivent n'impliquent nullement qu'un traitement médical puisse être diagnostiqué ou administré sans le recours aux compétences médicales, mais plutôt qu'un corps d'hypnothérapeutes agréés, officiant sous la supervision de médecins, pourraient venir en aide à bon nombre de patients qui ne recevront vraisemblablement pas les soins psychologiques requis, faute d'un effectif suffisant de thérapeutes.

A aucun moment n'est présente dans mon esprit l'idée selon laquelle l'hypnose serait une panacée universelle. Il s'agit plutôt de faire remarquer que nombre d'affections actuelles sont imputables au stress, à l'inquiétude et à la nervosité ; par conséquent, si l'on voulait bien apprendre aux personnes susceptibles d'être un jour victimes de ce type de maladies, et ceci avant qu'elles n'apparaissent, les techniques de relaxation et d'autosuggestion, une part non négligeable des maladies psychosomatiques actuelles seraient vaincues, voire inexistantes.

L'hypnose n'est pas une panacée

Un système de santé préventive plus étendu, qui comprendrait l'usage de techniques de relaxation et d'autohypnose, permettrait de soulager considérablement les médecins surchargés de travail ; ceux-ci seraient alors à même de diriger certains patients vers des groupes qui leur apprendraient à maîtriser des techniques de relaxation et à acquérir une pratique profitablement de l'autosuggestion.

Mieux vaut prévenir que guérir

Mon expérience personnelle m'a appris que l'on pouvait former des groupes de dix à vingt individus à la pratique de ces techniques ; j'ai moi-même dirigé de tels groupes en Australie, en Nouvelle-Zélande, en Afrique du Sud, en Rhodésie, au Kenya et en Grande-Bretagne, et ce pendant plusieurs années. J'ai constaté que la plupart des gens souffrant de stress, de nervosité ou de problèmes émotionnels ont davantage besoin qu'on les guide dans l'apprentissage d'une maîtrise individuelle de la relaxation et de l'autosuggestion, que de recevoir des soins.

L'autohypnose de groupe est une solution thérapeutique intéressante

En dépit des progrès scientifiques et techniques immenses qui caractérisent notre époque, dans le domaine de la psychologie nous demeurons toujours dans les ténèbres, Une automobile ou une machine à coudre sont livrées avec des manuels d'utilisation et d'entretien, des modes d'emploi ; il n'en va pas de même pour « la machine humaine ».

Tout être humain sera un jour ou l'autre confronté à des problèmes — au moment de l'adolescence, du mariage, à l'âge d'être parent, dans la vieillesse. Si l'individu souffre d'un traumatisme affectif ou de tout autre handicap, ces crises seront ressenties plus violemment. La plupart des maladies psychosomatiques font leur apparition chez le sujet non averti, alors qu'elles pourraient lui être épargnées ou aisément jugulées pour peu qu'on lui dispense des conseils rassurants, ainsi qu'une formation aux techniques de relaxation et d'autosuggestion.

Dans la majorité des cas, quelques heures seulement d'initiation à la relaxation, à l'autosuggestion ou à l'autohypnose suffiraient à épargner à nombre d'entre nous des années de détresse, de maladie ou de dépression, tout en représentant un gain de temps inestimable pour les médecins, et d'heures de travail incalculable pour la nation.

Hypnose collective radiophonique Pour en revenir à des considérations d'ordre pratique, j'ajouterai que je fus jadis invité par les Services Radiophoniques Nationaux néo-zélandais — c'était en 1948, lors d'une tournée de conférences — à mettre sur pied une émission dont l'objet était d'initier les auditeurs à quelques techniques de relaxation simples, et à procéder sur les ondes à une séance d'hypnose collective faisant appel aux méthodes de suggestion pour parvenir à l'état de relaxation et au bien-être physique et mental.

Comme l'atteste la lettre que m'envoyèrent les Services de Diffusion néo-zélandais, l'émission en question reçut un accueil des plus favorable :

---

20 décembre 1948

Cher M. Ousby,

Puisque vous n'avez pu prendre connaissance des résultats de votre émission diffusée sur la station I ZB avant de quitter la Nouvelle-Zélande, je me permets de vous mettre au fait des réactions des auditeurs.

La substance du courrier que nous avons reçu à la suite de l'émission indique que les auditeurs ont apprécié la relaxation qu'il leur a été donné d'éprouver et en ont tiré des effets bénéfiques. Comme je vous le signifiais lors de votre passage, je suis convaincu qu'une série de soins de cette nature procurerait un soulagement définitif à bon nombre de patients.

Nous n'avons pas reçu la moindre critique ou réaction défavorable à votre émission, et je suis sûr qu'un prochain séjour en Nouvelle-Zélande vous offrira l'occasion de diffuser une nouvelle série d'émissions.

Meilleures salutations

J. W. Griffiths
Directeur de la station, I ZB

Mon intention n'est pas de suggérer que quiconque d'ex- **Un corps médical**
térieur au corps médical puisse superviser ce travail thé- **auxiliaire**
rapeutique. En revanche, chacun trouverait intérêt à la **d'hypno-**
création d'un corps d'hypnothérapeutes expérimentés, ainsi **thérapeutes ?**
qu'au recrutement de praticiens au sein d'un corps médical
auxiliaire qui formerait une branche de la médecine conventionnée préventive. Je suis certain que la plupart des
psychothérapeutes seraient comme moi disposés à consacrer
une partie de leur temps à travailler bénévolement pour
apporter leur contribution à la mise en œuvre d'un tel
projet.

La présence d'hypnothérapeutes dans des cliniques où serait
pratiquée la thérapie de groupe offrirait les avantages
suivants :

● Les médecins pourraient faire effectuer un suivi des
patients inquiets et tendus ou souffrant de troubles psychosomatiques, qui bénéficieraient d'un apprentissage de
la relaxation et d'une initiation aux techniques d'autosuggestion, de telle sorte qu'ils seraient à même de se soigner
eux-mêmes par induction positive, au lieu de favoriser
inconsciemment l'apparition de la maladie.

● Les personnes qui aujourd'hui n'ont pas la possibilité
de recevoir un soutien psychologique en raison du nombre
insuffisant de thérapeutes pourraient être rassurées par
des thérapies de relaxation avant de recevoir un traitement
psychiatrique.

● Les emplois d'un tel corps pourraient être élargis par
l'action d'hypnothérapeutes rattachés aux hôpitaux, qui
prodigueraient leurs soins à certains patients en particulier,
dans le but de les rassurer, de les aider à se détendre et
à aborder leur traitement dans un esprit coopératif. La
suggestion par l'hypnose serait d'un grand secours à plusieurs égards : elle tendrait à sécuriser les futurs opérés,
contribuerait à la réadaptation, et aiderait les handicapés
permanents à adopter une attitude mentale positive.

● En outre, l'hypnose pourrait rendre un immense service
aux gens atteints de maladies incurables ou parvenus aux
portes de la mort. La suggestion par l'hypnose pourrait
rendre leurs dernières heures plus douces. Elle permettrait
de soulager leur esprit et leur corps et de leur apporter
un réconfort, notamment si elle était menée par des thérapeutes nourrissant eux-mêmes de fermes convictions quant
au sens et au but de la vie.

La psychothérapie demeure le talon d'Achille de l'arsenal **Hypnothérapie et**
mis en place dans la lutte contre la maladie au niveau des **pratiques**
nations... En effet, nombre d'affections ont pour source **médicinales**
des tensions mentales et émotionnelles. **reconnues**

Il n'entre nulle utopie dans l'idée selon laquelle les techniques hypnothérapeutiques — et par là j'entends la relaxation, l'autosuggestion, l'autohypnose et l'hétérohypnose — pourraient contribuer de façon inestimable à renforcer certains domaines de nos services médicaux. Au demeurant, l'assistance précieuse dont il s'agit ici n'est autre que la force curative de la nature ; les os fêlés se ressoudent, la chair déchirée se cicatrise : il en va de même pour la nature, qui pour peu que soient réunies des conditions favorables, tranquillise le système nerveux, restaure l'équilibre émotionnel et apporte la paix de l'esprit.

L'hypnose est un agent curatif naturel qui, à condition d'être prescrit et administré convenablement, peut assurer une marche harmonieuse des fonctions mentales, émotionnelles et physiques, et ceci tout naturellement.

L'hypnose occupera sans aucun doute tôt ou tard la place qui lui revient au sein de la médecine classique — le plus tôt sera le mieux, car le nombre de patients en état de détresse émotionnelle et de victimes de troubles physiques s'en trouvera diminué.

CONSEILS ET RAPPELS UTILES

CONSEILS ET RAPPELS UTILES

L'élève hypnotiseur devra mesurer toute la responsabilité qui lui incombe, et prêter la plus grande attention aux suggestions qu'il communiquera à ses sujets. Voici quelques points qu'il faudra constamment garder à l'esprit :

• On ne tentera en aucun cas d'hypnotiser un sujet réticent.

• On n'hypnotisera jamais d'enfants ou de mineurs, à moins que des parents ou des témoins responsables ne soient présents.

• Pour tout sujet que l'on puisse soupçonner de n'être pas pleinement responsable de ses actes, on demandera l'accord du conjoint ou d'un parent.

• On s'assurera de l'accord du sujet, de sa requête ou de son consentement quant à la nature des suggestions susceptibles d'affecter son avenir.

• Au terme de chaque séance d'hypnose, l'on veillera à ce que le sujet soit parfaitement éveillé et à ce que ses actes soient en tout point normaux avant qu'il ne quitte la pièce.

• On veillera également à ce que toutes les suggestions communiquées pendant l'hypnose et pendant la phase posthypnotique soient annulées, exceptées celles qui lui seront bénéfiques.

• S'agissant de personnes dont la vue est faible, ou de sujets anormalement agités, l'on évitera la méthode du regard.

• La pratique de l'hypnotisme est plus aisée lorsque le sujet en attend des bienfaits. Cette règle souffre toutefois une exception : lorsque le désir d'assistance provoque une trop grande impatience ou un état de nervosité chez le sujet.

• Lors d'une première tentative d'hypnose, l'induction de l'état de transe peut présenter quelque difficulté. Si la première expérience ne permet pas d'effectuer un travail concluant sur le sujet, il se peut que celui-ci ne soit que légèrement affecté. La seconde et la troisième tentatives se révèleront plus efficaces. Une fois que l'on est parvenu à induire un état de transe assez profond, les inductions deviennent de plus en plus aisées. On peut également avoir recours aux suggestions posthypnotiques pour rendre les états de transe ultérieurs plus profonds, et faciliter le processus d'induction. Si aucune influence contraire n'agit sur le sujet, le déroulement de l'opération sera à chaque fois plus aisé.

• Lorsque vous procédez à des tests, ou lors d'une première tentative d'induction, des incidents inattendus sont susceptibles de survenir qui risquent, si vous n'y êtes pas préparé, de vous déconcerter. Sachez qu'il est impossible d'anticiper toute éventualité : ne vous montrez en aucune façon pris au dépourvu ; manifestez un calme et une assurance parfaits : il est impératif que vous conserviez votre autorité.

On vous demande conseil : les démarches à adopter

L'hypnotiseur se verra peut-être appelé à donner son avis sur des questions recouvrant plusieurs domaines : santé, vie privée ou domestique, vie professionnelle... Il est donc judicieux de poser quelques principes, et de ne jamais s'en écarter. On s'assurera d'abord que tout sujet qui sollicite un conseil touchant à sa santé ait au préalable consulté son médecin traitant.
On ne formulera jamais d'avis direct sur des problèmes majeurs tels qu'un changement d'emploi ou un refus d'offre d'emploi. S'agissant de questions d'ordre domestique, on évitera absolument de conseiller explicitement le sujet, ou de décider à sa place. N'intervenez pas de telle façon que quiconque puisse un jour vous dire : « J'ai agi comme vous me l'avez dit ; voyez un peu le résultat ! Tout est de votre faute ! »
Toutefois, à supposer que vous exprimiez votre opinion, justifiez-la systématiquement. Il est cependant plus sage d'exposer clairement les enjeux d'une question et de laisser le sujet parvenir seul à la solution souhaitable. L'hypnotiseur évitera de communiquer des suggestions précises tant qu'il ne sera pas au fait des tenants et des aboutissants du problème.

Croyances personnelles

On s'assurera scrupuleusement des convictions religieuses, sociales et politiques d'un sujet de façon à ne pas formuler de suggestion qui serait en contradiction avec ses convictions, et à ne pas heurter sa sensibilité.

Pour éviter que ne s'établisse une accoutumance

L'hypnotiseur doit impérativement se garder de laisser le sujet s'installer inconsciemment dans une relation de dépendance. Le sujet trouvera un certain confort, souvent bénéfique, à considérer le thérapeute comme son guide, philosophe et ami personnel. Cependant, il n'est pas bon que le sujet voie en l'hypnotiseur un être indispensable à sa vie quotidienne. Cette situation serait évidemment nuisible à la finalité de l'hypnose : parvenir à une confiance en soi et à une autonomie du sujet. Pour cette raison, l'hypnotiseur doit veiller, dès le début de la relation, à ne pas trop assister le sujet, puis de moins en moins au fur et à mesure de ses progrès.

Tours de force Qu'une personne soit sous hypnose ou non, s'ils sont soumis à un effort excessif, les os peuvent se briser et les tissus s'abîmer. Pour éviter toute blessure éventuelle, ne tentez pas d'inciter le sujet hypnotisé à entreprendre des tours de force déraisonnables. Un tel incident serait non seulement dangereux et affligeant pour le sujet, mais également fort préjudiciable à l'hypnotiseur. Ce genre d'expérience, programmée à la légère, équivaut à prêter le flanc aux détracteurs de l'hypnotisme. Seuls de jeunes volontaires robustes seront donc assujettis à des expériences impliquant un certain effort musculaire.

Suggestions thérapeutiques L'hypnotiseur peut se trouver confronté à une demande de suggestions hypnotiques dans le but d'éliminer la douleur, de soulager ou de guérir une affection ; il ne devra en aucun cas accéder à une demande de cet ordre sans s'enquérir préalablement du pourquoi et du comment de l'affection. En effet, la douleur n'est souvent qu'une manifestation d'un trouble ou d'un dysfonctionnement plus profonds, et l'on aurait tort d'y faire obstacle par la méthode suggestive sans se préoccuper des circonstances.
Il convient, en se renseignant auprès du sujet, de prendre connaissance du temps écoulé depuis l'apparition de la douleur ou des symptômes, et du traitement reçu par le patient. L'on sera ainsi mieux à même de décider des mesures qui s'imposent. Une migraine, par exemple, peut n'être que le contrecoup d'une nuit de veille ; en revanche, si elle était récurrente, ou chronique, l'origine pourrait en être le début d'une tumeur cérébrale. De même, des maux d'estomac peuvent n'être que des coliques passagères, mais aussi, dans le cas de douleurs aiguës, le signal d'un brusque accès d'appendicite : dans son intérêt même, conseillez au patient de consulter d'urgence un médecin. Si l'on décide d'avoir recours à l'hypnose, on procédera comme suit :
« Votre douleur va s'estomper, mais cela ne remettra nullement en cause votre intention de consulter un médecin.

Le soulagement se prolongera jusqu'à votre visite chez le médecin, mais vous devez aller le voir.»

Il va de soi qu'il serait judicieux, pour quiconque entreprendrait de prodiguer des soins par la suggestion, de posséder des rudiments de psychologie et d'être en contact avec un médecin dont on puisse solliciter l'avis si nécessaire. Si une personne souffrante ayant déjà eu recours en vain à toutes les méthodes thérapeutiques reconnues s'adresse à un hypnotiseur, on ne saurait objecter au désir de celui-ci de secourir tant soit peu le malade. En effet, dans bon nombre de cas, il pourra, sinon les faire disparaître, à tout le moins soulager bien des souffrances. Dans la mesure du possible, l'hypnotiseur s'efforcera d'obtenir l'accord tacite du médecin traitant.

L'hypnotisme ne doit pas être conçu comme une nouvelle manière de vivre ou d'atteindre des objectifs, mais comme un moyen pourvu d'une finalité. Tout individu devrait organiser son existence et la vivre en pleine possession de ses moyens conscients, et être constitué de telle sorte qu'il puisse vivre spontanément, sans avoir recours à des artifices. L'hypnotisme n'est qu'un moyen d'acquérir les habitudes nécessaires à une vie saine et équilibrée. C'est aussi un procédé qui permet de faire disparaître des barrières, de chasser des habitudes ou des idées qui font obstacle à cette harmonie.

Lors de l'apprentissage des techniques de l'hypnotisme, des difficultés de tous ordres peuvent survenir, qui retarderont l'acquisition d'une certaine maîtrise. Il se peut que les circonstances viennent contrarier le programme de l'élève, ou que les occasions ou les sujets adéquats ne se présentent pas. Le débutant s'en trouvera affecté s'il n'a pas assimilé pleinement le fait qu'il est lui-même sensible à la suggestion. Si votre progression est entravée, ne vous découragez pas. Pour peu que l'élève ait observé les instructions et soit très modérément doué, il lui suffira de rencontrer un bon sujet somnambule pour réussir une induction. Dès lors, il aura acquis de l'assurance, et oublié ses échecs. Il ne tardera guère à s'apercevoir que son premier succès est affaire de chance... et de persévérance.

DEUXIEME PARTIE

PRATIQUE DE L'HYPNOSE

Parmi ceux qui mesurent tout le pouvoir qu'a la suggestion de bouleverser une vie, on peut distinguer grossièrement quatre groupes d'individus :
— En premier lieu, les politiciens, les publicitaires et autres experts en relations publiques, qui savent influencer l'opinion.
— En second lieu, les individus rompus à l'art subtil de se servir de cette force sur leur propre personne grâce aux techniques d'autosuggestion et d'autohypnose.
— Egalement, ceux dont le métier est d'enseigner à d'autres comment parvenir, grâce aux mêmes techniques, à mieux maîtriser leur propre fonctionnement mental et émotionnel, et à surmonter des troubles psychosomatiques.
— Enfin, ceux qui se sont rendu compte qu'ils avaient besoin d'aide pour échapper à l'influence de pensées négatives, de l'anxiété, ou de quelque trouble psychosomatique inexpliqué contre lequel tout effort de volonté s'est révélé vain.
Je suis intimement persuadé qu'un individu ayant été victime d'une dépression nerveuse et l'ayant surmontée est cent fois mieux armé devant la vie que celui qui n'a jamais vécu une telle expérience. En effet, ce moment critique de lutte pour parvenir à la maîtrise de soi est souvent la seule occasion donnée aux ressources intérieures de se révéler.

Un récit emprunté à la mythologie indienne nous permettra d'illustrer sous forme allégorique les mystères du « Grand Inconnu » — en d'autres termes, l'inconscient d'où jaillit notre vie mentale et émotionnelle... Ce conte expose la manière dont, en accédant à la connaissance de ses forces latentes, chacun se procure des armes supérieures pour affronter les obstacles dont sa vie est parsemée.
Le prince Arjuna, s'apprêtant à livrer une bataille cruciale, se résolut à aller dans la montagne demander au dieu Siva de lui faire don d'armes secrètes pour lui assurer la victoire. En chemin, dans une clairière il aperçut une biche qu'il tua pour se nourrir ; mais au moment même de tirer, un étranger, surgissant d'un fourré, tira lui aussi.
Arjuna, d'un naturel fier et obstiné, s'exclama rageusement : « Tu n'as pas le droit d'abattre cette biche ; je l'ai vue le premier, elle est donc à moi. » L'étranger répondit : « Tu n'es qu'un sot de penser que tu peux régler un conflit en

te battant ; si tu es aussi audacieux que tu es sot, je m'en vais te donner une leçon.» Arjuna était trop orgueilleux pour retirer ses paroles arrogantes ; il ne put donc s'empêcher de relever le défi. Arc tendu, il décocha une flèche à son adversaire... Mais Arjuna fut fort surpris de voir l'autre écarter ses flèches avant qu'elles n'atteignent leur cible. A cours de flèches, Arjuna dégaina son sabre : l'étranger le désarma instantanément et l'immobilisa dans une poigne de fer. Tel un enfant désemparé, Arjuna ferma les yeux, laissant entrer en lui l'humilité qui chassa l'arrogance. Avec une ardente sincérité, il pria les dieux de le secourir dans sa détresse.

A peine s'était-il mit à prier qu'Arjuna se sentit libre et indemne. Il vit que son adversaire n'était autre que Siva : celui-ci avait pris forme humaine pour incarner l'esprit humain.

Siva tint alors à Arjuna ce propos : « J'ai essayé de t'aider mais tu as refusé de m'entendre. Tu pensais pouvoir te passer d'aide. As-tu donc cru que les puissances qui t'ont créé t'avaient abandonné ? Je voulais te faire don d'armes supérieures mais tu n'as rien entendu ni demandé, si bien qu'il m'a fallut te réduire à l'impuissance.»

C'est ainsi qu'Arjuna comprit qu'il n'était pas seul dans sa lutte contre le Grand Inconnu ; il pouvait invoquer des forces supérieures qui l'assisteraient dans les moments cruciaux.

A l'instar d'Arjuna, chaque individu peut libérer une énergie et des ressources intérieures insoupçonnées, et ce faisant mobiliser ses forces curatives ; autrement dit, faire de son inconscient un puissant allié qui l'aidera à mener une vie plus saine, plus harmonieuse.

I. L'INCONSCIENT

Les pages qui suivent présentent une méthode simple, à usage personnel, permettant de provoquer en soi-même des modifications auxquelles la volonté seule ne parviendrait pas. L'on se situe ici au-delà de la méthode Coué ou de tout autre expédient destiné à stimuler temporairement la volonté individuelle.

Si ces méthodes sont efficaces lorsqu'il s'agit de guérir, de prévenir ou de soulager un grand nombre de maux, leur application ne se limite pas au domaine curatif. Elles font peu à peu leur entrée dans les milieux d'affaires, où hommes et femmes en quête de réussite en ont fait des recettes individuelles pour améliorer leurs « performances », sans trop user la machine humaine.

Sa connaissance des lois naturelles rend l'homme moderne de plus en plus apte à exploiter et à maîtriser les énergies électronique et atomique. De la même façon, grâce à un savoir élargi dans le domaine des lois qui gouvernent ses énergies mentale et émotionnelle, il est plus à même de maîtriser sa vie intérieure. Il sera démontré dans les pages qui suivent comment il est possible de canaliser son énergie nerveuse vers une utilisation constructive, au lieu de la matérialiser par des tensions néfastes et des affects négatifs. Nous avons tous été témoins des efforts de jeunes enfants apprenant à écrire − visage grimaçant, tête penchée en avant, dos voûté, chaque membre et chaque trait tendus à l'extrême. En fait, ces efforts mal coordonnés pour parvenir à tracer quelques lignes sur une feuille de papier mobilisent une quantité d'énergie à peu près cent fois supérieure à celle qui suffirait. Les personnes souffrant de tension nerveuse ressemblent à ces jeunes enfants ; mais à la différence de ces derniers, ils ne corrigeront pas leurs erreurs, et par la suite, faute de savoir combattre les tensions qui les minent, se ruineront la santé à force d'application louable mais mal dirigée.

A l'inverse, ceux qui possèdent les techniques de relaxation, d'autosuggestion et d'autohypnose accomplissent une quantité de travail généralement supérieure à la moyenne ; en période de crise, ils se révèlent également capables d'agir avec sang-froid et détachement. Dans ce domaine, Winston

Churchill fut une figure exemplaire. Son habileté à traiter les hommes et les événements est à porter au compte de sa capacité à conserver l'esprit clair et l'entrain au travail, elle-même imputable au pouvoir qu'il avait de se relaxer à volonté.

Churchill s'enquit un jour si un personnage de son entourage pratiquait la relaxation ; on lui répondit que non, sur quoi il déclara : « Il ne durera pas. » Ce commentaire est applicable à un bon nombre d'hommes d'affaires, tant il est vrai que la tension nerveuse est devenue le corollaire de tout poste à responsabilité, et qu'il faut désormais compter parmi les « risques du métier » les troubles dus au stress.

Quant à ces grandes figures de l'histoire qui firent montre d'immenses aptitudes à l'effort et au leadership (aptitudes employées à des fins diverses, estimables ou condamnables) — Jules César, Napoléon, Léonard de Vinci, Gandhi, Nelson, Albert Schweitzer, tant d'autres encore — ils ne se contentaient pas de « se stimuler » : ils s'en étaient remis à des méthodes plus averties pour atteindre des sommets, quelles que fussent les tâches entreprises. On retrouve en chacun d'entre eux la même réunion de qualités — une confiance en soi absolue, une grande faculté de concentration, une mémoire exceptionnelle, le pouvoir d'influencer autrui, une capacité de travail hors du commun, et la faculté de dormir à volonté pendant de brefs moments. On peut penser que ces hommes avaient eu la fortune de naître pourvus de qualités extraordinaires : cela est faux pour la plupart d'entre eux. En réalité, ces qualités se révélèrent lors de périodes d'adversité.

Ce que ces hommes comprirent tient en deux points ; ils perçurent :

• Que nous n'utilisons d'ordinaire qu'une fraction de notre potentiel réel

• Qu'ils pouvaient exploiter bien davantage les capacités qui sommeillaient en eux, et ceci sans épuiser leurs réserves d'énergie.

La manière la plus simple d'expliquer le fonctionnement de la « machine humaine » consiste à admettre que l'homme est habité par deux mondes : celui du conscient et celui de l'inconscient. Ces deux mondes sont en quelque sorte séparés par un rideau. Le conscient se charge des pensées et de la volonté, tandis que derrière le rideau, l'inconscient, qui opère dans l'ombre, gère la plupart des activités qui constituent la vie : il transforme les aliments et l'oxygène en tissus et en énergie, il assure la régulation des fonctions vitales en coordonnant tous les organes du corps — cœur, estomac, foie, poumons, ...etc. C'est lui qui supervise le travail d'entretien dont le corps a besoin — les os fêlés se ressoudent, la chair déchirée se cicatrise, des antitoxines sont fabriquées pour vaincre la fièvre. Qui plus est, l'inconscient contrôle la quasi-totalité de la vie physique et émotionnelle, puisqu'il règne en maître absolu sur la bonne marche de l'organisme. On affirme parfois que la nature ne saurait confier à l'homme le soin de digérer sa nourriture lui-même : oublieux et négligent qu'il est, il aurait tôt fait de se laisser mourir de faim. Or l'inconscient, avec une efficacité de robot, dirige toutes les fonctions organiques du corps — activité interne complexe dont l'esprit humain ignore tout. Ainsi, le conscient a toute liberté pour vaquer aux activités extérieures au corps. Cette organisation bipolaire est fort satisfaisante, du moins aussi longtemps que rien ne vient bouleverser les automatismes de l'inconscient. Des facteurs qui viennent entraver la coordination naturelle d'opérations effectuées par l'inconscient, la tension nerveuse est le plus courant.

Le tout premier signe de dysfonctionnement peut être une simple crise d'indigestion, un état de nervosité incontrôlable, ou des difficultés à trouver le sommeil. L'individu comprend peut-être alors que « l'ordinateur » de l'inconscient maintient certaines tensions en état d'activité, tout en ne sachant pas comment commander la neutralisation de ces tensions. Cette situation, qui reçoit l'appellation vague de « tension nerveuse », est la source principale de la majorité des troubles d'ordre nerveux.

Les animaux possèdent un système nerveux bien moins complexe, et mènent une vie plus simple que les êtres humains. En outre, on peut aisément constater, en les observant à l'état sauvage, comment le stress se matérialise chez eux. Ainsi, j'ai été témoin au Kenya du phénomène suivant : tandis qu'un troupeau de zèbres paissaient paisiblement, une lionne, qui s'était approchée d'eux en rampant sous quelques broussailles, chargea sans crier gare. Au moment même où elle bondit, le troupeau détala à l'unisson. Ne parvenant pas à les rattraper, la lionne ne tarda pas à abandonner la course. Quant aux zèbres, ils ralentirent progressivement leur galop et, puisque la lionne s'était arrêtée, s'arrêtèrent eux aussi, bien qu'ils ne se fussent éloignés que d'une courte distance. Et je fus fort surpris de les voir recommencer de paître comme si rien ne s'était passé.
Le comportement du zèbre en état d'alerte illustre le fonctionnement du système nerveux. A peine une alarme est-elle reçue qu'un bouleversement corporel chimique et physique s'opère, et ceci à une vitesse foudroyante. Les sucres du foie ainsi que les sécrétions des glandes surrénales

rejoignent le flux sanguin, et la tension artérielle augmente. L'animal s'immobilise, tous sens en éveil, muscles tendus, prêt à l'action immédiate — la fuite ou la lutte. Quant aux autres activités du corps, qui ne répondent pas aux besoins de l'urgence (la digestion par exemple), elles sont momentanément suspendues. Une fois le danger éloigné, toute tension disparaît et les fonctions organiques reprennent leur travail routinier.

Le système nerveux de l'homme est beaucoup plus complexe que celui du zèbre ; pour cette raison, et à cause des exigences de la vie moderne, les tensions auxquelles est soumis l'être humain ne disparaissent pas aussi aisément que celles subies par l'animal — aussi les individus à l'abri du stress sont-ils fort rares. Les autorités médicales, qui dans leurs déclarations imputent fréquemment une grande partie des maladies courantes à des problèmes affectifs irrésolus, témoignent du caractère extrêmement répandu des troubles de tension nerveuse.

Dans le monde actuel, l'inconscient d'une importante proportion des êtres humains est en état d'alerte semi-permanent, d'où l'existence de toute une gamme de troubles nerveux et psychosomatiques. Toutefois, si on le sollicite, l'inconscient peut faire taire ces tensions inutiles et permettre à l'énergie curative naturelle du corps de restaurer un fonctionnement physique, mental et émotionnel sain.

L'inconscient peut également être le receptacle de suggestions constructives, qui répondront à des problèmes individuels spécifiques. Mais c'est seulement en éprouvant par soi-même les techniques de l'hypnose, de l'autohypnose et de la suggestion que l'on peut devenir apte à en mesurer toute la portée et toute la valeur.

L'éminent scientifique qu'est J. B. S. Haldane indique combien ces techniques sont prometteuses pour l'avenir de l'humanité lorsqu'il déclare : « Quiconque a vu se dérouler sous ses yeux ne serait-ce qu'une seule matérialisation des pouvoirs de l'hypnotisme et de la suggestion aura compris que le visage du monde et les possibilités d'existence des individus se trouveront bouleversés le jour où l'on saura pleinement maîtriser ces techniques et généraliser leurs applications, comme on le fit jadis avec des drogues dont les pouvoirs étaient alors entourés du même mystère. »

Les techniques d'hypnose et de suggestion contemporaines occupent aujourd'hui la place qu'occupaient la pénicilline et certains antibiotiques voici une ou deux générations. Nombreux étaient alors les hommes qui avaient désespérément besoin de l'aide que ces précieuses substances auraient pu leur apporter ... mais on ne savait pas encore les fabriquer en quantité suffisante pour les mettre à la disposition de tous.

Les méthodes d'autohypnose et d'autosuggestion exposées dans les pages qui vont suivre ont marqué des étapes charnières dans la vie de maints êtres humains : elles leur ont permis non seulement de soigner bien des maux, mais aussi de surmonter les problèmes de leur vie quotidienne.

II. COMMENT TRANSMETTRE DES MESSAGES
A L'INCONSCIENT

Le lecteur trouvera ici un complément d'information sur l'inconscient, ainsi que des instructions préliminaires sur la manière d'entrer en communication avec lui.

L'individu moyen est la cible d'un grand nombre de sollicitations. Tout le temps qu'il est éveillé, ses yeux et ses oreilles sont investis par une succession d'images et de sons, tandis qu'un flux continu de pensées lui traverse l'esprit, qui souvent s'accompagne d'une activité émotionnelle.

C'est l'inconscient qui accomplit une grande partie de ce travail. Or, très fréquemment, l'énergie mobilisée à cet effet l'est en quantité excessive. En s'interrogeant sur les moyens d'influencer l'inconscient, l'on verra qu'on peut obtenir de lui un travail nettement plus efficace.

Par le biais de son inconscient, chaque individu effectue en toute ignorance des tâches extraordinairement complexes. Prenons l'exemple d'un homme qui marche dans une rue animée en réfléchissant à quelque problème : une multitude de sons et d'images se mélangent dans la confusion ambiante. Plongé qu'il est dans ses pensées, l'homme ne prêtera attention ni au bruit, ni aux vitrines des magasins, non plus qu'aux passants. Et pourtant, il suffira qu'il croise un ami, ou qu'il entende crier son nom pour que toute son attention se porte instantanément sur la personne qui l'a appelé ou l'ami rencontré. C'est que l'inconscient, pendant tout ce temps, était occupé à noter tous les sons et les images de la rue, sans que le conscient s'en aperçoive. Et, en bon serviteur qu'il est, l'inconscient n'avait pas rapporté au conscient ces faits insignifiants, laissant l'esprit libre de vaquer à ses préoccupations majeures. En résumé, l'inconscient logé en chaque individu a déjà subi un entraînement intensif, et si l'individu le souhaite, il lui est loisible de déléguer à cet inconscient des tâches variées que ce dernier exécutera plus efficacement que ne peut le faire le conscient.

Il est capital, si l'on veut parvenir à transmettre des suggestions à l'inconscient, d'obtenir avant tout la coopération de celui-ci. En s'adressant à son inconscient avec sincérité et sans hâte, tout sujet pourra capter des énergies insoupçonnées, accomplir des exploits invraisemblables, et guérir des troubles qui jusque là semblaient irréductibles... à condition toutefois qu'il s'efforce d'agir en accord avec les lois qui régissent son existence, et non en dépit d'elles.

L'acquisition des techniques d'autosuggestion est comparable à n'importe quelle autre finalité — qu'il s'agisse de guérir une maladie, de chasser une habitude malsaine ou de réussir dans le domaine professionnel : elle a pour condition fondamentale l'obtention la coopération de l'inconscient.

Celui qui s'efforce d'influencer son inconscient sera sans doute confronté à des obstacles ; il découvrira parfois qu'un élément de sa structure mentale, s'opposant à sa volonté, l'empêche de transmettre ses instructions à l'inconscient. Ainsi, s'il a décidé de ne plus fumer, il se peut qu'il se retrouve dans l'heure qui suive une cigarette à la bouche ; c'est manifestement que les instructions données ne sont pas parvenues jusqu'à l'inconscient.

Une personne qui s'emploie, en y mettant tout son courage et toute sa volonté, à surmonter son problème, interprétera peut-être comme un échec personnel son impuissance à imposer sa volonté à son inconscient. Pourtant, à l'image du prince Arjuna, elle peut acquérir les armes supérieures qui la guideront jusqu'à son but.

Un individu ne peut pas contraindre son inconscient à servir ses fins. En revanche, il peut obtenir son assistance par des méthodes plus éclairées. Celles-ci lui permettront de rallier à sa volonté les agents positifs de l'inconscient, eux-mêmes occupés à rétablir un fonctionnement harmonieux du corps.

Pour simplifier ce en quoi consiste la tâche de transmettre des suggestions à ces agents positifs, représentons-nous la structure mentale de l'homme comme un grand bureau, composé à chaque étage de différents services. Au rez-de-chaussée siègent deux directeurs associés, qui règnent sur le conscient : l'Intellect et la Volonté. Aux sous-sols se trouvent les ouvriers qui exécutent les ordres qu'ils reçoivent, et dont la tâche routinière est d'entretenir le bon fonctionnement physique et émotionnel de l'« entreprise ». Nous dirons que l'ensemble de ces ouvriers constitue l'inconscient. Cependant, un gardien protège ce domaine, en empêchant toute injonction extérieure d'y pénétrer : en effet, ces ouvriers exécutent tout ordre reçu, quelle qu'en soit la nature ou l'origine. En l'absence d'un tel gardien, les téléspectateurs s'empresseraient d'aller se procurer tous les produits que les suggestions habiles des publicitaires leur enjoignent d'acheter !

Si l'on poursuit la comparaison amorcée plus haut, pour communiquer des suggestions aux agents de l'inconscient, nous adopterons d'abord la stratégie qui s'impose : obtenir le consentement du gardien. On pourra ensuite sans brutalité faire passer des messages aux ouvriers, déjà occupés à corriger toute déviation éventuelle par rapport aux normes d'un fonctionnement sain et harmonieux. Pour « amadouer » le gardien, nous procéderons d'abord à un exercice de relaxation physique.

Malgré son apparente simplicité, ce type d'exercice requiert un apprentissage. Mais la relaxation est accessible à tous, même aux hommes les plus sujets à la nervosité, pour peu qu'ils fassent preuve de patience et de persévérance. Une fois acquise, cette capacité de relaxation permet de s'abstraire du monde extérieur et de diriger toute son attention vers sa vie intérieure. Un processus régénérateur se déclenche, une énergie vient envahir les muscles fatigués, le potentiel énergétique général croît. C'est ainsi que l'on obtient le consentement du gardien, en créant des conditions favorables à la communication d'autosuggestions.

Les explications qui suivent ont trait à ce que nous nommerons « relaxation globale », terme qui désigne une condition favorable à la pratique de l'autohypnose et à la création d'un état de suggestibilité optimal. L'on vise ici à l'obtention un état physique d'où toute tension est absente. On ne le provoquera pas en apprenant de nouvelles techniques, mais en faisant cesser toute activité en cours.

D'aucuns s'apercevront que le fait de respirer profondément pendant une minute avant la séance de relaxation les aide à « se laisser aller » plus rapidement. Ceci n'est cependant pas applicable à tous les sujets : l'expérience vous permettra d'en juger pour vous-même.

Les exercices qui suivent visent à éduquer l'esprit à la relaxation, à l'« abandon », par le biais de la décontraction musculaire. En effet, lorsque le corps est détendu, l'activité mentale et émotionnelle s'apaise naturellement. On distinguera trois étapes de ce processus d'« abandon ».

Lorsqu'un membre est décontracté, il pend mollement ou est inerte. Si on le soulevait, le pliait ou le déplaçait, nulle résistance, nulle rigidité ne seraient décelables. Dans le vide, on peut le faire se balancer librement comme une corde souple.

Certains animaux, notamment le chat, utilisent couramment ce genre de relaxation. Aussi verra t-on le félin détendre ses muscles et s'abandonner à une mollesse suprême : cette aptitude féline est édifiante, en ce qu'elle illustrera l'exposé des exercices qui suivront.

Le terme « s'abandonner » a été employé pour évoquer la relaxation. Le lecteur peut toutefois se demander : « Abandonner quoi? » On répondra : abandonner les tensions qui sont sources d'agitation, qui empêchent le sentiment de bien-être. Malheureusement, nombreux sont ceux chez qui l'état de tension est devenu l'état quotidien, ordinaire ; ils s'y sont accoutumés, et ne savent plus comment « s'abandonner ».

L'on ne parviendra à l'état de relaxation qu'en laissant ses tensions s'estomper. Mais, on l'a vu, il se peut que la personne tendue n'ait pas conscience des tensions qui l'habitent. Elles se traduiront peut-être par des froncements de sourcils, des battements de paupières, des mouvements un peu fébriles, un manque de sérénité manifeste. Le premier exercice consiste pour l'individu à apprendre à reconnaître l'état de tension : préalable indispensable à son élimination. Quand l'individu aura appris à reconnaître la présence de ces tensions, il saura aussi reconnaître leur absence, c'est-à-dire l'état de relaxation.

Il se peut que lors des premières exécutions, votre attention soit distraite par quelque raideur imaginaire, l'impression d'être mal à l'aise, ou que vous avaliez involontairement votre salive, par exemple. Dans ce cas, ne tentez pas à tout prix de chasser ces perturbations de votre esprit ; un effort de volonté brutal ne les expulsera pas. Dans la mesure du possible, concentrez-vous sur le détail spécifique de l'exercice en cours d'exécution. Vous échouerez peut-être à plusieurs reprises, mais en réitérant vos tentatives, les perturbations cesseront peu à peu, en même temps que l'activité nerveuse, dont les irritations ne sont que les symptômes, s'apaisera.

Votre conscience peut être traversée de brefs messages tels que : « j'ai la bouche sèche » ou « mon cou est raide », etc. Ils sont dus à l'excès d'activité des nerfs sensitifs.

Quant aux tics et autres petits mouvements incontrôlables, ils sont dus à des pulsions des nerfs moteurs, lesquelles tentent consciemment ou inconsciemment de soulager l'irritation réelle ou imaginaire. La tension est toujours présente en quantité minime, même lorsqu'on se croit détendu. Notre objet est de réduire la tension à son minimum pour que les symptômes de cette activité excessive disparaissent.

III. RELAXATION GLOBALE

Ce chapitre fournira au lecteur quelques règles élémentaires de relaxation physique, qui lui permettront d'augmenter ses pouvoirs autosuggestifs constructifs et, à terme, d'atteindre l'état de transe. Il est possible qu'à ce stade certains débutants doutent de leur potentiel autosuggestif ; on ne s'en étonnera pas, puisque leurs tentatives d'autosuggestion se sont jusque là révélées vaines. L'incrédulité disparaîtra au fur et à mesure de l'apprentissage. Au demeurant, les méfaits de l'autosuggestion négative montrent assez combien le potentiel autosuggestif humain est réel ; ce que la majorité des gens ne possèdent pas, c'est une technique leur permettant de tirer de ce potentiel des effets bénéfiques.

Il se peut que l'exercice qui suit exige un certain temps, que vous ayez à le répéter pendant plusieurs séances ; cependant, vous vous apercevrez qu'ultérieurement, vous parviendrez à l'état de transe, ou du moins un état de suggestibilité décuplée, sans avoir à passer par ces exercices de relaxation. Toutes les fois que vous exécutez ces exercices préparatoires, veillez à vous imprégner des suggestions indiquées, et ce à l'issue de chaque séance.

Commencez vos séances de relaxation globale en choisissant un endroit isolé où l'on ne vous dérangera pas. Si possible, fermez la porte à clef.

Choisissez aussi − autant que faire se peut − un moment de silence. Si des bruits extérieurs vous parviennent, ou si cela risque de se produire, utiliser des boules Quiès pour assourdir ces sons. Enfin, il est préférable de n'être ni trop las ni inquiet, de ne se livrer à aucune tâche cérébrale juste après la séance, et de prévoir environ une heure de tranquillité avant les premières séances. En résumé, prenez les dispositions qui s'imposent pour avoir l'esprit libre. Après un certain nombre de séances, ces préparatifs deviendront superflus.

Etendez-vous à votre aise sur un canapé ou un lit, avec ou sans oreiller. Certains préfèrent s'allonger à même le sol, sur un tapis : vous serez seul juge de ce qui vous convient le mieux. Un petit coussin plat peut également s'avérer utile, que l'on placera sous le bassin ou sous les genoux. Il est recommandé de consacrer quelque temps à expérimenter ces différents procédés, jusqu'à réunir les conditions particulières les plus favorables à la relaxation.

Une fois que l'on aura découvert par soi-même les conditions idéales de confort, on s'étendra sur le dos, mains ouvertes et les bras le long du corps, sans qu'ils le touchent. Le corps parfaitement au repos, on regardera le plafond, sans toutefois écarquiller les yeux pour le parcourir. On fixera le regard sur un point précis. Si l'on éprouve quelque peine à garder les yeux ouverts, on les fermera. On n'essaiera pas de « forcer les choses ». Ce repos a pour objet de laisser l'esprit et le corps ralentir progressivement leur rythme. Si vos pensées dévient vers une préoccupation extérieure — une liste de courses ou un problème spécifique à résoudre —, ramenez-les à votre objet présent, gardez constamment à l'esprit ce que vous êtes en train de faire. A l'issue d'un bref moment, notamment si vous étiez précédemment occupé, vous éprouverez de la fatigue en certaines zones de votre corps, fatigue dont vous n'étiez pas conscient auparavant. Ces sensations seront localisées notamment sur certains muscles des bras, des jambes, des mains, du dos, des épaules et des pieds. Il s'agira alors de « sentir » mentalement tour à tour chacune de ces fatigues.

Détendez-vous le plus possible, puis portez votre attention sur votre main droite, et maintenez-la pendant une dizaine de secondes. Répétez l'opération pour la main droite, puis pour le pied gauche, puis droit, en consacrant dix secondes à chaque membre. Employez-vous ensuite à éprouver les sensations logées dans les muscles du visage, des lèvres, de la langue, et de la bouche, en évitant dans la mesure du possible de remuer ces parties de votre corps.

Vous constaterez qu'en dirigeant toute votre attention sur une partie de votre corps, vous oubliez les autres. Répétez trois fois l'exercice, depuis les mains jusqu'aux muscles faciaux. Vous vous apercevrez que les tensions éprouvées initialement s'estompent au fur et à mesure, pour finalement disparaître.

Toute description verbale du processus d'acquisition de nouvelles perceptions sensorielles est bien évidemment inadéquate. La première partie de l'exercice en cours de description vise à repérer les sensations de tension, et à reconnaître leurs différents degrés : en d'autres termes, à reconnaître l'absence de tension, ou état de relaxation.

Même si vous avez le sentiment d'une progression rapide, consacrez au moins trois séances à pratiquer l'exercice indiqué précédemment avant d'amorcer l'étape suivante. Celle-ci consistera à fixer son attention sur d'autres parties du corps — les biceps, les muscles de l'avant-bras, des poignets, des mollets, des chevilles, des pieds, des épaules, du dos, du cou et du visage. L'on pourra conclure à un progrès lorsqu'on constatera que l'opération se déroule sans que l'esprit ne se détache un seul instant de sa tâche. Au bout de plusieurs séances, on s'aperçoit qu'une agréable sensation de bien-être, de plus en plus perceptible, s'installe au terme de cette série d'exercices. De même, on constatera que toute agitation a disparu, et que l'on peut demeurer paisiblement immobile de plus en plus longtemps.

Il en est pour qui cet exercice constitue l'obstacle majeur à dépasser, et pour qui tout exercice ultérieur paraîtra aisé par comparaison. On saura que l'on a progressé lorsque l'on distinguera nettement les deux sensations opposées que sont l'état de relaxation et celui de tension. Un autre critère permettant d'estimer avec justesse ses propres progrès est l'aisance avec laquelle on peut se mettre à l'écoute des messages sensoriels de n'importe quelle partie du corps, à l'exclusion de toutes les autres.

Ces séances d'entraînement devraient durer au minimum cinq minutes, et se répéter chaque jour, voire plus souvent. Leur efficacité sera souvent proportionnelle à leur durée et à leur fréquence. La qualité de l'état de relaxation atteint s'améliorera avec la pratique : ces exercices ont des effets cumulatifs. Aucun moment particulier de la journée n'est conseillé, bien que l'on obtienne fréquemment de très bons résultats en privilégiant la soirée.

Lorsque vous vous serez tant soi peu familiarisé avec ces exercices et qu'ils seront devenus plus ou moins automatiques, vous pourrez aborder la première étape du processus d'autosuggestion proprement dit. Vous commencerez par procéder à des séances quotidiennes.

Pour revenir à l'image de l'« entreprise-machine humaine », rappelons qu'un gardien, qui joue un rôle de censeur, empêche parfois les deux directeurs — la Volonté et l'Intellect (le conscient) — de transmettre à l'inconscient certains messages. C'est ici que les exercices de relaxation trouvent leur justification, puisqu'il permettent aux directeurs associés d'obtenir le consentement du gardien, et de communiquer leurs suggestions aux ouvriers, agents positifs de l'inconscient.

Chaque individu apprendra ces techniques à un rythme qui lui sera propre. En fait, rares sont ceux qui parviennent à maîtriser immédiatement ces exercices de relaxation globale. On constate qu'en moyenne, la réussite du premier exercice requiert un bon nombre de répétitions, mais que les suggestions transmises ne tardent pas à avoir un effet bénéfique. N'essayez pas d'avancer trop rapidement : cela risquerait de mettre en échec le processus recherché. En essayant de le hâter, ou de le forcer, vous alerteriez le gardien qui probablement bloquerait alors l'entrée de l'inconscient. Aussi, plus vous êtes détendu, plus vos suggestions accéderont aisément à l'inconscient.

Un principe général mérite d'être retenu : plus les suggestions sont simples, plus elles sont efficaces. On veillera donc à graduer leur portée. Lorsque vous vous sentez détendu, formulez mentalement les suggestions indiquées en fin de paragraphe. Vous pouvez en altérer la forme, pourvu que le fond soit conservé. Il est recommandé de se limiter à la portée très générale de ces premières suggestions. Elles serviront de base, et une fois que vous maîtriserez la technique vous pourrez formuler toute une gamme de suggestions ; mais assurez-vous d'abord que vous avez posé des bases solides avant de construire.

« J'aurai la patience d'apprendre cette technique et je vais faire appel à tous les agents positifs que je possède pour me débarrasser de mes malaises. »

« Je vais maîtriser cette technique de suggestion. »

« Je vais obtenir de mon inconscient qu'il travaille pour moi et non plus contre moi. »

IV. RELAXATION PARTIELLE

Si vous avez atteint un niveau satisfaisant dans votre pratique de la relaxation globale, vous êtes prêt à provoquer des tensions musculaires locales, pour les livrer à un examen minutieux.

Premier exercice On procédera comme suit :
En position allongée, en état de relaxation, en ne modifiant aucunement la position du reste du corps, on soulèvera le bras droit de quinze centimètres au-dessus du sol ou du lit, en écartant les doigts. On veillera d'une part à ce que le bras droit soit tendu et raide, tandis que le bras gauche repose mollement le long du corps, et d'autre part à ce qu'aucun autre mouvement des membres ou du visage n'ait été provoqué. Tout le corps sera donc parfaitement détendu, à l'exception des muscles servant à soulever le bras. Bras tendu, on s'emploiera mentalement à contraster la sensation de tension éprouvée dans ce bras avec celle éprouvée dans le reste du corps. Ainsi, l'on fixera son attention tour à tour sur le bras tendu puis sur le bras inerte.
Lorsque vous éprouverez pleinement la différence entre l'état de tension de votre bras et l'état de relaxation du reste de votre corps, vous augmenterez peu à peu cette différence en intensifiant la tension du bras droit, c'est-à-dire en contractant ses muscles. Gardez-les contractés pendant environ quatre secondes ; dès que l'exercice devient légèrement douloureux, laissez votre bras retomber mollement. Laissez-le reposer jusqu'à ce que la sensation de tension ou de fatigue disparaisse, et que s'y substitue un état de bien-être résultant de l'absence d'effort. Fixez votre attention sur les sensations spécifiques logées dans les doigts, la main, l'avant-bras, le biceps et les muscles des épaules. Reproduisez le même exercice sur le bras gauche en reposant le bras droit. Lorsque les sensations opposées de tension et de relaxation auront été nettement identifiées, on répétera l'exercice, cette fois sans lever le bras. On le laissera étendu par terre, le long du corps, et l'on contractera les muscles pour éprouver une sensation de tension. Après quoi on relâchera l'effort, et l'on guettera la sensation de bien-être qui envahit le bras. Cet exercice peut prendre plusieurs minutes. Ensuite, on contractera à nouveau les muscles, mais moins longtemps, et cette fois en diminuant l'intensité de l'effort. A nouveau, on relâche la tension,

puis l'on attend que la sensation de relaxation se fasse sentir intensément. A ce stade, on s'attachera à approfondir l'état de relaxation, en formulant des suggestions mentales. Veillez ici à ne pas remuer les lèvres ni la langue involontairement : les suggestions sont à formuler au plan mental exclusivement.
Elles s'enchaîneront comme suit :

• Je contracte les muscles
• Je relâche
• Je me repose
• J'éprouve la sensation

Au repos, on s'attachera chaque fois à « s'abandonner » davantage, grâce à des formules telles que : « Mon bras est plus détendu », « Mon bras éprouve une sensation de détente accrue à mesure que je répète cet exercice. » Formulez plusieurs fois ces suggestions, puis d'autres, celles qui sembleront les plus propices à un abandon de soi optimal.
Rappelons que lorsqu'on croit avoir atteint l'état de relaxation extrême, celle-ci n'est pourtant jamais totale. Au repos, l'on veillera donc à formuler systématiquement des suggestions, de telle sorte que les tensions s'apaisent naturellement. Encore une fois, il est vain de vouloir précipiter le processus.

Deuxième exercice

Vous êtes en position de relaxation allongée, parfaitement à votre aise. Etirez la jambe droite et raidissez-la. Le gros orteil doit être dirigé vers le bas, comme si vous tentiez d'atteindre un objet du pied. Etirez la jambe sans la soulever, en la laissant reposer sur son support, quel qu'il soit. Demeurez dans cette position jusqu'à ce que vous localisiez les tensions distinctes de la cuisse, du mollet, de la cheville, et du pied. Dès que vous y parvenez, relaxez-vous et laissez votre jambe peser de tout son poids, puis éprouvez la sensation qui s'installe, comme vous l'avez fait précédemment avec le bras. Encore une fois, la comparaison est à effectuer mentalement. Après quelques secondes de relaxation, étirez la jambe gauche, mais en diminuant la durée et l'intensité de l'effort. Enfin, jambe au repos, vous éprouverez la sensation nouvelle.

Troisième exercice

En position de relaxation allongée, contractez les muscles du bas du dos en vous cambrant légèrement. Prolongez l'effort quelques secondes, puis comprimez l'abdomen de telle sorte que votre estomac rentre et remonte. Demeurez ainsi quelques secondes, puis relâchez. Pendant la phase de tension, votre bassin quittera le support sur lequel vous êtes allongé. Dosez toutefois l'effort : n'en faites pas plus qu'il n'est nécessaire pour soulever le bassin de deux centimètres. Puis relaxez-vous.

Après avoir exécuté cet exercice trois fois, on variera le travail sur le tronc en hissant les épaules, puis en les gardant voûtées quelques secondes, avant de les laisser retomber mollement. On constate que le fait de fixer son attention d'abord sur un groupe de muscles puis sur un autre permet d'atteindre un état de relaxation plus profond que celui obtenu avant d'avoir identifié ces groupes de muscles séparément. Pendant l'exercice, on se gardera d'exercer la moindre tension sur tout autre muscle du tronc.

Quatrième exercice

Chacun des exercices qui suivent permet de faire travailler un groupe de muscles supplémentaire, et d'augmenter à chaque fois le degré de relaxation obtenu.

Le corps au repos, effectuez un lent mouvement de rotation de la tête vers la droite, puis vers la gauche. Laissez à chaque fois la tête retomber sous l'effet de son poids, sans forcer le mouvement, puis prolongez celui-ci jusqu'à éprouver la lourdeur de la chair faciale tandis qu'elle tend à s'affaisser. Les muscles de la mâchoire ne doivent être en aucune façon contractés ; de ce fait, la bouche aura tendance à s'entrouvrir. La langue doit rester parfaitement inerte. Une fois les différentes perceptions sensorielles du visage localisées, laissez lentement rouler la tête de l'autre côté, avant de prêtera encore attention aux sensations éprouvées.

Pendant les périodes de repos de l'exercice, qui doit se dérouler très lentement, il se peut que vous éprouviez une sensation nouvelle, de détachement extrême. Attachez-vous à décontracter les muscles de la tête, du cou et du visage, et favorisez le processus en ne cessant pas de formuler des suggestions mentales.

L'objet des exercices précédents a été l'acquisition d'une perception sensorielle nouvelle. La tâche n'est pas aisée d'emblée, car les sensations sont floues, indistinctes ; certaines ne sont pas même localisées à des endroits précis. La pratique seule permettra de les déceler, et de les détacher de plus en plus nettement les unes des autres. Encore une fois, l'attitude mentale à adopter est la patience. Les exercices doivent être exécutés physiquement sans hâte, languissamment, tandis que l'esprit demeure pleinement attentif. Pendant les phases de tension on dosera toujours l'effort : plus il sera léger, mieux cela vaudra. En effet, il ne s'agit pas ici d'exercice physique, mais bien de son contraire.

Le lecteur aura compris que le but des exercices de relaxation est de ralentir et d'apaiser les activités mentales et émotionnelles, de façon à transmettre des messages à l'inconscient.

Quand on s'abandonne, quand on ferme les yeux, on a tendance à se laisser envahir par une certaine torpeur si l'esprit ne reste pas vigilant. Contrairement à ce que l'on pourrait croire, une séance d'autosuggestion fructueuse ne s'accompagne pas nécessairement d'un état de transe profond. Les suggestions atteindront l'inconscient de l'individu même si l'état de relaxation auquel il parvient n'est pas aussi intense qu'il le souhaiterait. Il est vrai qu'il lui sera peut-être nécessaire de répéter quotidiennement les mêmes suggestions ; mais ce qui importe est qu'il parvienne à régler ses problèmes personnels.

Certains atteignent leurs objectifs sans jamais avoir connu l'état de transe ; par conséquent, oubliez toute idée préconçue de l'état de transe, et ne retardez pas vos progrès en attendant d'avoir vécu quelque expérience mystique. A chaque séance, formulez mentalement les suggestions suivantes :

« Je vais m'employer à résoudre mes problèmes une fois pour toutes. »

« Je vais continuer de pratiquer cette méthode avec patience et persévérance. »

V. LA SEANCE D'AUTOSUGGESTION

Jusqu'à présent, nous avons appris à nous familiariser avec quelques exercices de relaxation. Nous sommes prêts à amorcer l'étape suivante.

En position allongée, le corps parfaitement détendu, paupières fermées, on lève légèrement le regard, comme pour fixer un point entre les sourcils. Pour certains, le fait d'y placer un petit objet — une pièce de monnaie par exemple — peut faciliter l'opération. Les yeux doivent pendant tout ce temps demeurer fermés. Si vous sentez que maintenir le regard ainsi fixé exige un effort, cessez et relaxez-vous. N'entreprenez rien, n'ouvrez pas non plus les yeux. Ne vous préoccupez pas de vos yeux, peu importe s'ils remuent ou non sous vos paupières. Laissez-les bouger si tel est le cas. A ce stade, nombreux sont ceux qui éprouvent une sensation de détachement intense ; elle s'amplifiera encore avec la pratique.

Pendant le déroulement des exercices, ne laissez pas votre esprit errer, ni prendre du recul en se livrant à une analyse de vos progrès. Appliquez-vous à exécuter à fond les exercices et à ne faire que cela. Puis laissez-vous envahir par la sensation de langueur qui vous gagnera.

Il se peut que vous commenciez alors à éprouver un état de transe léger, mais la majorité des gens doivent poursuivre leur apprentissage avant de parvenir à un état de suggestibilité avancé. A chaque séance, vous commencerez par vous relaxer. Vous constaterez qu'après un entraînement quotidien de plusieurs semaines à la relaxation, vous y parvenez beaucoup plus rapidement, sans avoir à vous concentrer successivement sur vos bras, vos jambes, etc.

La méthode d'apprentissage de l'autohypnose exposée ci-dessous me paraît être une base de travail valide, à laquelle vous pourrez par la suite apporter les variations que vous jugerez utiles.

Méthode Un, Deux, Trois. Cette technique peut être utilisée n'importe où, n'importe quand. Vous n'avez besoin d'aucune mise en condition particulière, ni même de vous isoler. Si vous suivez les indications données plus bas, vous pourrez la pratiquer au restaurant, dans un bus, voire quelques minutes lors d'un rendez-vous d'affaires. Le terme « méthode » est en réalité quelque peu emphatique ; en effet, dès lors que vous serez

capable de « sombrer en vous-même », il vous suffira de vous livrer au simple rituel que voici :
Respirez profondément, puis fixez le regard sur quelque objet — une ampoule électrique ou une poignée de porte. Comptez « un, deux, trois » et à trois, laissez vos yeux se fermer doucement. Continuez de compter lentement ; à dix, fixez votre attention sur votre pouce droit et comptez à nouveau mentalement jusqu'à dix. Puis fixez cette fois votre attention sur votre index droit et comptez encore jusqu'à dix. Vous répèterez l'opération en égrenant ainsi les doigts des deux mains. Vous veillerez à compter lentement, de telle sorte qu'aucune pensée ne vienne interférer.

Le rituel du comptage des doigts doit être exécuté sans aucune hâte. Une fois ce dernier achevé, vous concentrerez votre attention sur votre bouche, pour éprouver la sensation qui apparaît au niveau des lèvres et de la bouche. En remuant légèrement la langue, vous parviendrez peut-être mieux à localiser cette sensation. Ensuite, vous dirigerez votre attention sur le point situé entre vos yeux, selon la méthode indiquée dans les pages qui précèdent.

Tandis que vous étiez occupé à exécuter les exercices, des transformations physiques et mentales se sont subtilement produites, à votre insu. Ainsi, si vous comptiez au rythme d'un doigt par seconde, environ deux minutes se sont écoulées entre le début de l'opération et le moment où vous fixez votre attention sur le point situé entre vos yeux. Pendant ce temps, vous aviez les yeux fermés, votre attention était tendue vers vos perceptions sensorielles grâce au comptage monotone des doigts, et vous avez imperceptiblement glissé vers l'état de transe.

Jusqu'à présent, vous avez dû vous isoler pour pratiquer. Il est temps maintenant de passer à l'étape suivante : où que vous soyez, procédez à une courte séance de relaxation puis pratiquez votre rituel d'autosuggestion.

Lors des séances de relaxation des bras, des jambes, du dos, vous vous êtes livré à de la relaxation différentielle : il s'agissait de détendre des muscles autres que ceux qui servent à l'exécution d'une tâche particulière. Vous allez à présent employer ce savoir pour pratiquer la relaxation EN POSITION ASSISE, de sorte que vous serez à même de parvenir à cet état n'importe quand, sans avoir à vous allonger. Lorsque vous maîtriserez la relaxation en position assise, vous pourrez procéder à des séances d'autosuggestion dans un train, dans un bus, ou en tout autre endroit, sans que quiconque s'en aperçoive.

Si vous décidez de vous entraîner à l'autosuggestion en position assise, effectuez à nouveau la série d'exercices de contraction des membres et de rotation de la tête, en étant cette fois assis. Consacrez-y tout le temps qu'il faudra pour parvenir à éprouver la même sensation de lourdeur et de détente que celle éprouvée en position couchée. Ce travail différentiel peut être effectué par les muscles, mais également par l'inconscient. Un bon exemple nous en est fourni par l'ouïe, qui selectionne parmi la confusion des sons qui nous parviennent quotidiennement, ceux qui requièrent notre attention. Une multitude de sons ne font pas l'objet d'une perception consciente, tout simplement parce qu'ils sont anodins, et ne méritent pas d'être désignés à la conscience.

Au terme de quelques séances, votre appréciation sensorielle de l'état de tension sera plus nette, et votre capacité à vous « abandonner » à volonté, physiquement et mentalement, sera mieux appréhendée par l'intellect, en même temps qu'elle sera mieux maîtrisée. N'hésitez pas à répéter chaque exercice inlassablement jusqu'à vous assurer de la réalité de vos progrès, mais ne vous attendez pas à quelque expérience spectaculaire ou transcendante. Contentez-vous de vous employer à provoquer en vous le maximum de détachement et de bien-être. Les effets de ces exercices sont cumulatifs ; le degré de détachement obtenu dépend principalement de la régularité avec laquelle ils sont effectués, et de l'absence de toute forme d'autosuggestion négative lors des séances et entre celles-ci.

A l'issue de chaque séance de relaxation, vous laisserez les suggestions par lesquelles s'achève ce chapitre envahir votre esprit. Votre état de relaxation aura permis à votre corps de s'y préparer. En formulant des suggestions de cette nature, vous mobiliserez des ressources intérieures bénéfiques.

A l'instar d'Arjuna, vous pouvez accélérer le processus d'acquisition des armes − ou techniques − supérieures qui vous aideront à apporter une réponse positive à vos problèmes : imposez-vous un programme quotidien de séances et observez-le patiemment et rigoureusement. Certes, vous pouvez vivre en vous accommodant tant bien que mal de vos propres armes, mais pour remporter une victoire durable, il se peut que vous ayez besoin d'être autrement armé. Et ces armes, il ne tient qu'à vous de vous les procurer, en vous adressant aux agents positifs qui œuvrent secrètement en vous. Voici donc le type de suggestions que vous pourrez formuler :
« Je vais parvenir, d'une façon ou d'une autre, à me débarrasser de mon problème / de mon malaise / de ma maladie » (mentionnez explicitement votre objectif).

« S'il me faut accéder à des connaissances qui me manquent,
je veux que mon inconscient travaille pour moi et m'aide
à y accéder. »

« Je suis disposé s'il le faut à changer de méthodes, pourvu
que je résolve mon problème. »

« De tout mon cœur et de toutes mes forces, je souhaite
me débarrasser de mon problème une fois pour toutes, et
je fais appel à toute l'aide dont je puis disposer. »

Jusqu'ici, notre travail a consisté en quelque sorte à préparer
le terrain. Nous allons maintenant étudier et sélectionner
les graines, ou suggestions que nous désirons semer.

VI. CHOIX DU CONTENU DES SUGGESTIONS

On s'attachera ici à élaborer un programme de suggestions plus spécifiques, pour donner des directives précises aux agents positifs de l'inconscient.

La plupart des gens qui entreprennent une autohypnose croient connaître exactement la nature des suggestions qu'ils souhaitent transmettre... Très souvent, ils se trompent. Ils savent sans doute quels sont leurs objectifs, mais très peu savent comment formuler leurs souhaits. J'ai raconté plus haut comment Arjuna reçut une aide à laquelle il ne s'attendait absolument pas. De même, la personne qui sollicite son insconscient en formulant des suggestions similaires à celles prescrites à la fin du chapitre cinq recevra une aide inattendue. Pour peu qu'elle fasse de son inconscient un allié, celui-ci lui désignera des atouts jusqu'alors ignorés. Il lui montrera des obstacles dissimulés, et lui indiquera les moyens de les contourner, ainsi que l'attitude à adopter face aux circonstances incontournables. Il ravivera son espoir, libérera son enthousiasme et l'inspirera. Que cette personne se garde bien toutefois de laisser la bravoure la rendre vaniteuse, et de penser qu'elle peut contraindre son inconscient à réagir selon son bon plaisir. Ceci est impossible ; en revanche, il est possible d'obtenir sa coopération.

Voici qui illustrera parfaitement ce qu'est une bonne approche stratégique de la technique autosuggestive :

J'ai connu un homme qui parvint à se guérir de troubles nerveux et d'angoisses, à soigner une mémoire défaillante et une santé médiocre, et à obtenir une promotion. Au demeurant, jamais il ne connut l'état de transe. Cet homme était employé depuis longtemps comme agent de bureau, alors que ses connaissances et son expérience lui auraient permis de prétendre à une situation bien moins modeste. Il observa la méthode exposée dans cet ouvrage et commença par formuler des suggestions de ce type : « Je vais utiliser mon potentiel pleinement. Je ne vais pas être esclave de la maladie. Je vais faire table rase de tout ce qui peut m'empêcher d'avancer. Je vais vaincre ma nervosité. Je veux avoir le courage de savoir si je suis responsable de mes difficultés ; si c'est le cas, je trouverai le moyen d'y remédier. Je vais progresser dans mon travail. » Il se livra quotidiennement à ce rituel, puis une nuit il fit un rêve étrange : il rêva qu'un des directeurs de son entreprise venait à sa rencontre, chèque en main. Voyant cela, le rêveur fut saisi de panique et prit la fuite. Ce rêve lui permit de s'apercevoir que la présence de ce directeur dans son bureau le faisait immanquablement perdre ses moyens. Il en conclut que là était la source de sa médiocrité professionnelle. Inconsciemment, il évitait toute prise de responsabilité et toute promotion qui eût fait du directeur en question son supérieur hiérarchique direct. A mesure qu'il avançait dans sa pratique de l'autosuggestion, il découvrit que le physique du directeur n'était pas sans lui rappeler un instituteur qui l'avait rudoyé sans répit lorsqu'il était écolier. Dès qu'il eût conscience de l'origine lointaine de ses angoisses et de sa nervosité, il comprit peu à peu quelle était la nature du conflit qui l'habitait, et s'aperçut qu'il s'était jusqu'alors efforcé de réprimer ses angoisses. Il poursuivit sa thérapie suggestive, et de jour en jour vit se libérer en lui les énergies que sa peur refoulée avait absorbées. Il éprouva un sentiment d'étrange soulagement. Les suggestions qu'il formulait — « Je sais que je peux bien mieux faire » — prirent des accents de vérité que des clichés creux comme « Je suis le meilleur » n'auraient jamais pu lui apporter. En effet, s'il avait utilisé des suggestions vaines et sans lendemain, il n'aurait fait que refouler ses angoisses, et par là se serait opposé à son inconscient, au lieu de solliciter sa coopération salutaire. Le principe fondamental est donc d'obtenir cette assistance en formulant les suggestions adéquates, et le cas échéant, de les modifier. Encore une fois, il serait vain d'essayer de précipiter les choses. Si des résultats doivent se faire sentir rapidement, rien ne les en empêchera. En revanche, se donner des espoirs de succès immédiat vous exposerait à des déconvenues. Une bonne démarche stratégique peut être de se répéter quotidiennement : « Je vais faire de mon mieux pour pratiquer régulièrement. Si je peux seulement progresser d'un pour cent chaque jour, je ne me plaindrai pas. Je vais obtenir la coopération de mon inconscient dès que possible. Je sais une chose certaine : je vais m'attaquer à ce problème (à préciser). Cette tâche prendra le temps qu'il faut, mais je la mènerai à bonne fin. » En adoptant cette attitude, on évitera d'être la proie de vicissitudes émotionnelles, et l'on pourra accélérer le processus.

Au moment de fixer un programme, rappelez-vous que le choix des suggestions adéquates ne se fait pas consciemment. Certes, on parvient peu à peu à les appréhender consciemment. Mais l'inconscient est la matrice où se forge tout désir de sérénité, de bonheur ou de santé physique. S'il est sollicité patiemment et sincèrement, l'inconscient permet à l'individu de capter des énergies insoupçonnées, de réussir des exploits apparemment irréalisables, et de soigner des affections demeurées jusque-là sans espoir.

C'est en prenant conscience de ses pulsions intérieures antagonistes, des influences du monde extérieur, et en sélectionnant les forces qui lui permettront d'atteindre ses objectifs, que l'individu acquiert la maîtrise de soi. Il se donne les moyens de voir se réaliser en lui les transformations désirées, car l'espace d'un instant, il parvient à se représenter mentalement ce qu'il souhaite accomplir. En fait, c'est en forgeant une nouvelle attitude mentale et de nouvelles habitudes qu'il peut réorienter l'énergie élémentaire de ses instincts et la mettre au service de sa volonté.

Tant qu'il n'a pas accès à la connaissance de lui-même, l'homme se situe à un carrefour. Devant lui se présentent deux routes divergentes. L'une d'entre elles le mènera à ce qu'il redoute par-dessus tout, l'autre à ses idéaux, à la réalisation de ses aspirations. C'est ainsi qu'il faut entendre les propos de Freud lorsqu'il déclarait que chaque individu pouvait soit atteindre des sommets inespérés soit toucher le fond du désespoir. C'est ce qui fait l'objet de ses vœux et de ses espoirs qui doit dicter à l'individu la substance de ses suggestions. Dès qu'il prendra la décision d'avoir recours à l'autosuggestion et s'astreindra à une discipline personnelle, il aura fait un pas décisif vers la réalisation de ses désirs, et laissera ses peurs derrière lui.

Les toutes premières suggestions peuvent avoir un contenu très général, pourvu qu'elles soient sincères, et si possible simplement formulées. Voici maintenant quelques modèles de suggestions conçues en vue d'affirmer votre résolution et de vous faire progresser :

« Je n'oublierai pas d'effectuer mes exercices. »

« Je vais faire des progrès constants. »

« Je veux avoir de plus en plus envie de transformer ma vie. »

« Lors de chaque lecture et de chaque séance je m'efforcerai de progresser. »

« Je suis prêt à opérer dans ma vie tous les changements qui s'avéreront nécessaires à la réalisation de mes souhaits ».

« Je vais quotidiennement m'appliquer à gagner davantage de confiance en moi. »

« Je veux parvenir à avoir une vision synthétique de ma vie et à découvrir ce qui est essentiel à mon bien-être et à ma réussite. »

« Je serai attentif à mes progrès et je m'en réjouirai, mais je tirerai aussi profit de mes échecs. »

« Je modifierai ce que je suis en mesure de modifier, et j'adapterai mon attitude devant ce qui est inaltérable. »

« Chaque jour je serai plus patient, et je deviendrai indifférent à ce qui me perturbe. »

« Jamais je n'entretiendrai de conversations morbides, ni ne me laisserai gagner par la morosité. »

« Je m'appliquerai à songer à des choses agréables, et au type de personne que j'aimerais devenir. »

« Je serai vigilant et veillerai à ne pas céder aux faiblesses auxquelles je sais être sujet. »

« Je comprendrai mes erreurs passées et m'efforcerai de les éviter à l'avenir. »

« Je vais peu à peu percevoir plus clairement ce qui m'empêche d'atteindre le bonheur, la santé et la sérénité, et comment surmonter ces obstacles. »

« Si j'ai à souffrir quelque déconvenue, cela n'ébranlera en rien la confiance que j'ai en moi-même ni ne me fera douter du pouvoir de l'autosuggestion. »

« Je vais être en mesure de me concentrer davantage et de penser les choses plus clairement. »

« Je vais être capable de garder les choses en mémoire plus facilement, et durablement. »

« Je vais avoir chaque jour davantage de sang-froid et de confiance en moi-même. »

« Je vais m'appliquer à cultiver mon calme et ma sérénité. »

« Je parviens peu à peu à contrôler mieux ma vie émotionnelle et mentale. »

« Je vais jouir d'une meilleure santé et d'une énergie multipliée. »

« Je m'observerai chaque jour et chaque jour je tâcherai d'apprendre quelque chose. »

« Je vais être plus détendu et atteindre l'état de relaxation plus facilement. »

« Je vais faire preuve de davantage de tolérance et essayer de comprendre les difficultés des autres. »

En résumé, l'on s'attachera à mettre des mots sur les désirs, les handicaps ou les malaises que l'on éprouve. Si par exemple vous manquez d'assurance, dites : « Je vais surmonter ce sentiment ; de jour en jour je vais acquérir plus d'assurance. Les suggestions que je formule me rendront plus fort et plus confiant. Je ne vais pas me préoccuper de ce que les gens pensent de moi », ...etc.

On aura remarqué que bon nombre de ces suggestions font référence à l'avenir. Cette méthode utilise en effet le phénomène de la suggestion posthypnotique ; ceux qui ont été témoins d'une démonstration d'hypnose ou se sont documentés sur le sujet reconnaîtront là une forme de suggestion à effet différé. Il s'agit d'imprimer dans l'inconscient des suggestions qui agiront ultérieurement. Le cas le plus répandu d'autosuggestion posthypnotique est celui de la personne qui se dit : « Demain matin je vais me réveiller à sept heures. » Si cette personne se réveille effectivement à sept heures, elle y sera parvenue par autosuggestion posthypnotique. Cette aptitude est une faculté inhérente de l'individu. Chacun peut l'employer pour transformer son attitude, ses actions ou ses pensées futures, là où le simple recours à la volonté se révélerait vain.

On n'insistera jamais assez sur le fait que l'autosuggestion et l'autohypnose sont un moyen de parvenir à une fin. Par conséquent, si l'on veut qu'elles aient un effet salutaire durable, les suggestions doivent rester dans la limite du raisonnable et être planifiées sur le long terme. La majorité des dépressions nerveuses surviennent chez des individus s'étant persuadés qu'ils étaient capables d'efforts qui en réalité étaient bien au-delà de leur portée. Ils ont utilisé l'induction pour étouffer les avertissements émis par leurs centres de fatigue, et ont puisé imconsidérément dans leurs réserves d'énergie nerveuse jusqu'à s'effondrer. A l'évidence, on peut faire un emploi plus intelligent de l'autosuggestion. Ainsi, on ne sollicitera pas son corps de façon excessive, mais on fera en sorte de favoriser son bien-être, en se persuadant de bien dormir, de suivre un nouveau régime alimentaire, et en donnant à son corps des directives sensées pour obtenir de lui un travail plus efficace.

L'histoire que voici illustre l'erreur qui consiste à utiliser le pouvoir de l'induction sans réfléchir soigneusement à la nature des suggestions transmises :

Un certain hypnotiseur eut un jour affaire à un homme visiblement très inquiet. L'hypnotiseur s'étant enquis de la raison de son inquiétude, l'homme lui répondit : « Mon compte en banque est à découvert, voilà ce qui m'ennuie. Je n'ai pas pu dormir de la nuit, et l'idée de dépenser davantage d'argent m'est insupportable. » Et l'hypnotiseur de répondre : « Je vais arranger cela. Asseyez-vous et détendez-vous. » Puis il hypnotisa l'homme et lui communiqua des suggestions du type : « Vous allez oublier le directeur de votre banque et votre découvert. A votre réveil, tous vos problèmes d'argent se seront envolés. Si vous voyez quelque chose qui vous plaît dans la vitrine d'un magasin, vous l'achèterez sur-le-champ. » Chacun comprendra combien il est dommageable de faire disparaître les symptômes du malaise en de telles circonstances. Rappelons-nous que la même loi s'applique aux dépenses d'argent et aux dépenses d'énergie : dans un cas comme dans l'autre, on se saurait indéfiniment négliger un déficit.

Comme on l'a fait remarquer précédemment, ce qui fait l'objet des souhaits d'un individu est ce que tout son être réclame ; c'est l'expression des aspirations les plus profondes de sa nature. Aussi les suggestions de celui qui désire sincèrement construire sa vie sur des bases saines, aider autrui et trouver le sérénité sont-elles identiques aux prières qu'adresse un croyant à toute source de vie. Ainsi, voici une des prières que saint François d'Assise avait coutume d'adresser à son Dieu :

« Seigneur fais de moi l'instrument de ta paix
Là où règne la haine, laisse-moi semer l'amour
Là où règne le doute, laisse-moi semer la foi
Là où règne le désespoir, laisse-moi semer l'espoir
Et la lumière où règnent les ténèbres
Et la joie où règne la tristesse.
O Divin Maître, fasse que je ne cherche pas tant à être consolé qu'à consoler mes frères
Et à être compris qu'à les comprendre
Et à être aimé qu'à les aimer.
Car c'est en donnant que l'on reçoit,
Et en pardonnant que l'on obtient le pardon,
Et c'est en mourant que l'on naît à la vie éternelle. »

Lorsqu'elle vise à rétablir un fonctionnement mental, corporel et émotionnel sain, l'autosuggestion de type curatif n'est pas une dictature étrangère imposée à l'être. Les suggestions sont l'expression consciente de désirs inhérents.

Des opérations qui demeurent en dehors du conscient président aux transformations electrochimiques des aliments et de l'énergie, ainsi qu'à l'entretien de la peau, des os et des tissus et à la guérison des lésions. En bref, tous les processus qui s'opèrent dans l'inconscient ont pour but de corriger les divers dysfonctionnements et d'entretenir ou de rétablir la santé. Ces processus peuvent être facilités par l'induction de suggestions conscientes. A cet égard, l'un des facteurs de réussite majeurs est une juste interprétation de cette activité intérieure incessante, une harmonisation du conscient et l'inconscient. C'est encore la reconnaissance des efforts salutaires de l'inconscient et leur accompagnement par le conscient. La réussite d'une induction dépend aussi de la capacité de l'individu à mettre en échec toute résistance à ces processus. Quant aux éventuels insuccès, ils seraient à mettre au compte d'un doute de soi et d'un manque d'autodiscipline et de régularité.

Dans votre choix de suggestions, au tout début notamment, vous gagnerez à n'être pas trop entreprenant. Fixez-vous un programme modeste. Si vous avez été confronté à une difficulté dans le passé, il est probable que vous aurez déjà essayé en vain de la juguler, et le cas échéant, entretenu des suggestions négatives. Celles-ci peuvent néanmoins être neutralisées par une induction régulière de suggestions positives. Nul ne connaît mieux que vous-même vos espoirs et vos craintes, les transformations que vous souhaitez voir s'opérer dans votre vie, les circonstances qui vous aideront et celles qui vous gêneront. Dans vos suggestions, arrêtez précisément ce que vous avez le désir d'accomplir. Ces suggestions devront être formulées clairement, simplement et de manière succinte.
Parmi vos suggestions, il y en aura de plus personnelles, qui viseront à répondre à des besoins propres. Elles pourront concerner tous les aspects de votre vie (régime alimentaire, sommeil, rapports sexuels, habitudes de vie, relations intimes avec autrui, projets, ...etc.), et vous serez seul juge de la démarche à adopter.
Nous allons à présent nous pencher sur l'introspection : celle-ci a pour objet de déceler les signaux émis par l'inconscient et de suivre les indices dont il jalonne votre parcours.

VII. S'OBSERVER ENTRE LES SEANCES D'AUTOSUGGESTION

S'observer, c'est observer la façon dont nos suggestions ont affecté notre comportement. Cette introspection, qui requiert un degré élevé de franchise dans l'examen de soi, n'a pour but que de découvrir nos erreurs, afin de pouvoir les éviter ou les dépasser.
Soyez attentif aux moments où vous êtes d'humeur négative. C'est dans ces moments-là que les observations les plus utiles peuvent être effectuées. Par exemple, si une pensée telle que « je ne fais pas suffisamment de progrès » vous vient à l'esprit, ne la refoulez pas. Ne vous dissimulez pas vos propres doutes. La suggestion a le pouvoir de vous en débarrasser, mais tant que vous ne savez pas ce qui ne va pas, vous ne pouvez rien régler. Il est indispensable, lorsque l'on s'observe, d'être honnête envers soi-même. Il ne sert à rien de nous focaliser uniquement sur nos bons côtés et de faire comme si la face cachée de notre personnalité n'existait pas. Le refoulement est permis, en tant qu'expédient provisoire ; il constitue même, dans bien des cas, une mesure indispensable pour rendre à notre esprit la disponibilité nécessaire à l'accomplissement de nos tâches quotidiennes. A long terme toutefois, une telle politique est proprement désastreuse, en cela même qu'elle ne réussit que lorsque nous disposons d'un capital d'énergie suffisant pour tenir en échec les pensées,les émotions ou les pulsions indésirables. Il n'est que de s'observer ou d'observer les autres pour savoir que la maîtrise de soi diminue avec la fatigue, la maladie ou les chocs émotionnels — tout au moins en deçà d'un certain niveau de développement personnel. Il faut du courage, de l'endurance et de la volonté pour réprimer les doutes, les peurs, les difficultés ; mais il faut aussi du courage, un courage d'une essence différente, pour être honnête envers soi-même et reconnaître ses limites.
Il pourrait sembler que le fait de reconnaître ses limites, ses doutes et ses inhibitions conduit à perdre pied ; mais en définitive, de la reconnaissance honnête de nos limitations nous vient une force d'une nature autre. Nous cessons d'exiger de nous-même l'impossible. Nous pouvons nous permettre d'échouer. L'enjeu n'est plus la Réussite ou l'Echec. Une fois que l'on a acquis cette manière plus large et plus souple de concevoir les choses, un moment de dépression, un sentiment négatif ou un échec ne sont plus que des épisodes, et non pas des défaites majeures. Lorsque l'on parvient à apprécier de façon plus réaliste ses points

forts et ses faiblesses, l'on peut être plus tolérant envers soi-même comme à l'égard d'autrui (tant il est vrai que l'on ne peut aimer son prochain que si l'on s'aime soi-même). Grâce à ce changement dans notre attitude nous pouvons envisager nos erreurs dans un esprit de tolérance — pour être constructive, la critique doit être bienveillante. Tandis que vous vous observez tout en poursuivant vos tâches quotidiennnes, notez ce qui vous a affecté, qu'il s'agisse d'une personne, d'un acte, de vos propres pensées, d'aliments, d'incidents ou de quoi que ce soit. Une technique efficace consiste à noter par écrit deux faits qui vous ont contrarié ou irrité, deux faits qui vous ont attristé, deux faits qui vous ont stressé, deux faits qui vous ont fait vous sentir content de vous. Si quelque chose vous stresse, vous fait peur, vous contrarie, vous rend heureux, réfléchissez et interrogez-vous sur cette réaction. « Pourquoi ai-je éprouvé ce sentiment-là ? » « A qui, ou à quoi, était-il destiné ? » « Qu'est-ce qui est à l'origine de ce trouble émotionnel ou physique ? » Ces réactions révèlent la structure cachée de votre personnalité, que vous ne pouvez découvrir que de cette façon détournée. L'auto-observation est un exercice strictement pratique, qui peut être facilité par des questions telles que : « Quelle est la plus grosse erreur que j'ai commise aujourd'hui ? », « Qu'ai-je appris aujourd'hui ? », ...etc.

Lorsque vous cherchez à observer les résultats de votre autosuggestion, il faut vous souvenir qu'il y a souvent un décalage entre le moment où une suggestion est émise et celui où elle se concrétise. Il est parfois nécessaire de poursuivre une suggestion pendant quelque temps avant de pouvoir remarquer ses effets, car il faut souvent vaincre des résistances internes. N'étaient ces résistances, toute suggestion, qu'elle soit bonne ou mauvaise, serait immédiatement suivie d'effet.

Après avoir réussi à changer une de vos habitudes, restez sur vos gardes pendant un certain temps. Avant que votre nouvelle manière de réagir ne soit solidement acquise, l'ancienne peut aisément resurgir dans un moment d'inattention. Poursuivez vos suggestions pendant quelques jours de façon à affermir votre position. Par exemple, celui qui par suggestion a arrêté de fumer aura intérêt à continuer pendant quelques jours des suggestions telles que : « J'ai arrêté de fumer *et je ne recommencerai pas. Je n'accepterai pas* les cigarettes qu'on me proposera. Je ne me laisserai *pas* convaincre de fumer », ...etc.

Le but de l'auto-observation est de reconnaître les changements qui seront survenus en vous à la suite de votre autosuggestion. Prenez conscience du chemin parcouru : en reconnaissant vos progrès, vos réussites, vous pourrez continuer à avancer plus facilement ; vous pourrez également enraciner ces progrès en vous pour en faire une nouvelle manière d'être. Lorsqu'une suggestion n'a pas eu le succès que vous en attendiez, ne vous laissez pas décourager. La technique de l'autosuggestion ne se maîtrise que par l'apprentissage et l'expérience, et dans cette matière, comme dans n'importe quelle autre, le débutant se heurte fatalement à des insuccès. Face à un échec, utilisez un autre type de suggestion, abordez le problème différemment. Pour utiliser de façon rationnelle la technique de l'auto-suggestion, il convient de préparer soigneusement ses suggestions, et de réviser constamment. L'autosuggestion est un moyen. Vous seul connaissez les difficultés ou problèmes particuliers que vous rencontrez, les handicaps, mauvaises habitudes ou attitudes dont vous désirez vous débarrasser, la vie que vous voudriez mener à l'avenir. Pour parvenir à ces fins il vous faudra peut-être reformuler fréquemment vos suggestions, à la lumière de ce que vous aurez appris lors des phases d'introspection.

Lorsqu'ils pratiquent cette auto-observation, certains se rendent compte qu'ils n'ont pas le temps d'effectuer les exercices, d'autres se rendent compte qu'ils oublient de les faire. Si tel est le cas, des mesures s'imposent. Ce n'est qu'en regardant les choses en face que nous pouvons apporter des modifications en nous-même. Il ne faut pas oublier que dans la majorité des cas les bonnes résolutions ne sont pas suivies d'effets à long terme, car la solution de facilité consiste à refaire aujourd'hui ce que l'on a fait hier ; dans ces conditions, et il y a toutes chances qu'on le fasse encore demain. La force de l'habitude est bien réelle, et l'on ne peut amener de changements en soi sans une certaine ténacité dans l'effort. Si vous vous rendez compte que vous avez oublié de faire un exercice ou de mener à bien un projet, fermez les yeux et répétez men-talement, très vite : « Je n'oublierai pas...Je n'oublierai pas... Je n'oublierai pas... ». Consacrez à cela une minute ou deux. Vous pouvez aussi utiliser des objets comme pense-bêtes, par exemple emporter avec vous une fiche d'ins-tructions à respecter, ou bien vous communiquer des sug-gestions en état d'éveil à des moments donnés — avant chaque repas, en vous levant, en vous endormant, quand le soleil se couche (ou, si vous êtes à l'intérieur, quand on allume). Deux minutes de suggestion en état d'éveil, trois à quatre fois par jour, suffiront à exercer une influence considérable, si l'on désire sincèrement ce que l'on demande. Il va de soi que, dans ces cas de tendance à l'oubli, des suggestions doivent être destinées à se guérir de ce défaut qui, si l'on n'y prend garde, risque de réduire à néant les efforts que vous faites pour changer. En ce cas, commu-niquez-vous des suggestions du type « Je ne vais pas ou-blier, » « Je serai moins étourdi à l'avenir », « Dorénavant je ferai mes exercices plus régulièrement. »

Si après avoir donné des résultats positifs votre autosug-gestion semble marquer un arrêt, voire un recul, il y a à cela une raison. Essayez de la découvrir. Il peut ne s'agir que d'un rhume, d'une légère indisposition, de la consé-quence d'un effort physique ou intellectuel inaccoutumé, ou d'une perturbation momentanée. Ces modifications peuvent amener un recul provisoire, et il faut en tenir compte. Prévoir des suggestions à leur encontre peut contribuer efficacement à atténuer ou contrebalancer ces perturbations. Parfois aussi, l'on essuie des difficultés en essayant d'aller trop vite : si un individu essaie de se forcer, ou de progresser trop rapidement, des résistances inconscientes se font jour. Les modifications induites par la suggestion sont un processus naturel, et le temps nécessaire à ces modifications dépend des difficultés, des résistances internes, de l'inertie et des conditions de vie propres à chacun. La règle d'or, en matière d'autosuggestion, est de NE PAS FORCER. Procéder en douceur, mais avec opiniâtreté : voilà le secret.

Si quelque chose vous perturbe durant la journée, après avoir fait ce que vous pouviez sur le plan pratique à l'égard de cet incident, de ses conséquences possibles, et pour éviter qu'il ne se reproduise, n'y pensez plus : au moment de réviser votre plan de suggestions vous pourrez arrêter des suggestions adaptées à ce problème. Chasser consciemment de son esprit certaines difficultés n'est pas nécessairement mauvais : en d'autres termes, il est des « refoulements permis ».

Quels que soient les progrès déjà accomplis sur la voie de l'état de transe, ne manquez pas une occasion d'utiliser la suggestion en état d'éveil ; en effet, le but de l'autosuggestion n'est pas de se livrer à une série de suggestions posthypnotiques, mais d'intégrer les activités conscientes, intellectuelles, et celles de l'inconscient.

Pour remarquables que soient les pouvoirs de l'autosuggestion et de l'autohypnose, celles-ci restent impuissantes face à bien des circonstances de la vie. Elles ne peuvent nous redonner notre jeunesse, ou ramener ceux que nous avons perdus, pas plus qu'elles ne peuvent réparer des dommages physiques irrémédiables. Mais grâce à ce pouvoir de l'autosuggestion, nous pouvons nous élever au-dessus des altérations inéluctables que cause la fuite du temps, EN MODIFIANT NOTRE ATTITUDE ENVERS CES CIRCONSTANCES DE LA VIE QUE NOUS SOMMES IMPUISSANTS A CHANGER.

Nous avons jusqu'à présent parlé de technique de relaxation, et de l'autosuggestion au niveau débutant. Ces deux méthodes sont utilisées conjointement dans les séances d'autosuggestion que vous pratiquez maintenant. Nous évoquerons plus loin l'induction de l'état de transe à un niveau plus avancé. Mais il nous faut d'abord nous intéresser davantage à la façon dont nous inscrivons durablement les suggestions dans notre inconscient.

VIII. COMMENT INSCRIRE LES SUGGESTIONS DANS L'INCONSCIENT

Il existe en chacun de nous des désirs fondamentaux qui cherchent à s'exprimer. S'ils restent inexprimés, un état de frustration s'installe, car notre force vitale est étouffée. Nous avançons ici l'idée que ces désirs (qu'ils soient désir d'une meilleure santé, d'une plus grande confiance en soi, de réussite dans une entreprise, ou de pouvoir aider les autres), doivent être exprimés et verbalisés sous forme de suggestions. Depuis la nuit des temps, les hommes tentent, par divers moyens, d'exprimer leurs besoins profonds. Depuis toujours ils souhaitent, espèrent, prient ou pratiquent l'autosuggestion, et plus ils ont pu le faire avec simplicité et sincérité, plus leurs désirs ont pu porter leurs fruits.

Inscrire durablement nos suggestions dans l'inconscient n'exige à dire vrai que très peu d'effort... pour peu que l'on ait bien efectué le travail préparatoire de relaxation et de mise au point de ce que l'on veut communiquer par la suggestion.

Après vous être isolé du monde extérieur et avoir dirigé votre attention en dedans, laissez-vous dériver loin du monde des formes et des sons vers un monde intérieur. Rêveusement, avec détachement, soumettez-vous au rituel d'induction de la transe en comptant, en prenant conscience de la pesanteur de votre corps, de la sensation de détachement. Tout ceci doit se dérouler de façon automatique. Totalement soumis à cette impression de dériver, vous égrenez in petto une formule telle que : « Je descends... plus profond... plus profond... » (ou toute autre de votre choix). Abandonnez-vous à cette sensation. Votre raison reste immobile et devient le témoin silencieux de cette expérience où vous flottez entre deux eaux.

Progressivement, cette sensation en arrive au point où la descente semble s'arrêter et où l'on reste immobile... comme en suspens, vaguement conscient, mais sans que rien ne se produise. C'est précisément ainsi cela que doivent se passer les choses ... la volonté est présente, mais elle n'intervient pas, à la manière du un berger qui, étendu dans l'herbe au flanc d'un vallon, observe les mouvements du troupeau. Vous voici approchant de la frontière qui sépare le conscient de l'inconscient : passer ce point serait perdre tout contrôle. C'est à ce stade que vos suggestions seront inscrites dans l'inconscient. Vous y parviendrez en laissant ces suggestions flotter à travers votre esprit.

Les exercices qui, dans votre progression, visent à créer cet état de conscience, peuvent être comparés au labourage du sol, et l'implantation de suggestions dans votre esprit, aux semailles. Si le terrain a été bien préparé, c'est-à-dire si les exercices de relaxation, le travail de mise au point ou de réflexion sur les suggestions ont été effectués comme il convient, l'inscription dans votre inconscient des directives choisies ne sera pas difficile. Il est très important qu'aucun effort n'intervienne au moment de l'émission des suggestions. Si votre jugement se mêle d'analyser ce qui se passe, tout le processus d'enregistrement des suggestions dans l'inconscient s'arrête. C'est comme si, après avoir semé, le jardinier se mettait à déterrer les graines pour voir comment elles poussent... C'est l'absence de toute interférence de la part de l'intellect qui permet aux suggestions de s'enraciner dans l'inconscient. Tout le succès de la suggestion repose sur le fait que l'on court-circuite l'esprit conscient pour imprimer ce qu'on désire directement dans l'inconscient.

Que nous soyons suffisamment absorbés par quelque activité, et nous oublions tout le reste. Il n'est besoin d'aucun effort pour fixer notre attention sur une émission ou un livre intéressants. Ils captent toute notre attention.

D'aucuns (et ils sont fort nombreux) ont le sentiment qu'ils ne pourraient pas appliquer la même attention soutenue à des exercices de relaxation, d'induction de l'état de transe ou d'autosuggestion. La concentration est pour une large part une question de motivation ; certes, mais imaginez que l'on demande à quelqu'un qui se croit incapable de cette concentration : « Avez-vous envie de vous sentir physiquement et moralement en forme ? Avez-vous envie d'abandonnner derrière vous tous vos problèmes et vos difficultés ? » Non seulement il sera très intéressé, mais dès qu'il pourra connaître un moyen concret d'atteindre à cette libération et à cet épanouissement, il fera tout pour y parvenir.

Les suggestions en état d'éveil, mises en forme selon le principe de répétition, peuvent être induites à n'importe quel moment, que vous soyez debout, assis, en mouvement ou immobile — une fois que vous avez assimilé la technique, il n'est plus indispensable de s'isoler. Dans un premier temps il est certes nécessaire de se placer dans les conditions les plus favorables, mais cela devient ensuite inutile. Nombre de ceux qui maîtrisent l'art de s'autosuggestionner enregistrent les suggestions dans leur esprit sans jamais entrer en transe.

Il serait précieux que le lecteur, parvenu à la fin de ce paragraphe, fasse une pause et se dise « Je suis sur le point d'apprendre à mieux contrôler mon esprit... J'ai la volonté de l'apprendre... », et qu'il se le dise avec conviction.

Les suggestions en état d'éveil gagnent à être exprimées régulièrement en se repérant sur des moments précis de la journée (on peut exemple réserver quelques minutes à cet effet lors de la pause du déjeuner). Il suffit de fermer les yeux, de compter jusqu'à trois et d'imprimer les suggestions dans votre esprit, puis de rouvrir les yeux et de reprendre votre activité. Plus vous répéterez ce processus, et plus votre suggestion sera enregistrée efficacement. Certains ont l'habitude de se répéter des suggestions en état d'éveil le soir, au moment de s'endormir. On peut noter ses suggestions sur un papier et le lire une dizaine de fois juste avant d'éteindre, puis le placer sous son oreiller et s'endormir dessus. Ou bien l'on peut noter par écrit les suggestions du jour, et garder le papier sur soi. Pourquoi ne pas écrire les suggestions de la semaine dans son journal intime ? Un autre « truc » efficace : rédiger une lettre contenant les suggestions et vous l'envoyer par la poste ; à réception, lisez-la et relisez-la.

Le fait d'implanter des suggestions dans notre esprit rappelle celui de semer des graines. De même qu'il faut désherber son jardin, il est aussi nécessaire de ne pas laisser croître dans son esprit des pensées négatives.

Ne réprimez pas toujours vos doutes, mais efforcez-vous de découvrir d'où ils viennent et s'il n'y a pas là quelque question qui mérite votre attention.

Avant d'aborder le chapitre suivant, arrêtons-nous un instant pour résumer la méthode présentée dans ce livre. Il ne s'agit pas de faire de la relaxation chaque jour afin de vous répéter les mêmes suggestions. Lorsque vous aurez assimilé la technique de l'autosuggestion, vous verrez que c'est toute votre manière de penser, de désirer, de définir des objectifs qui sera changée. Ceci ne veut pas dire que vous allez passer tout votre temps à rêvasser ou à vous autosuggestionner mais que vous bénéficierez d'une conscience plus avertie dans votre réflexion sur vous-même, vos objectifs, et dans votre manière d'observer vos interactions avec autrui, et qu'au lieu de réactions négatives ou aléatoires, vous vous surprendrez à avoir des réactions positives, du fait du programme que vous aurez suivi.

Ce programme s'établit comme suit :

- DEFINITION DES OBJECTIFS
- CREATION D'UN ETAT DE SUGGESTIBILITE
- IMPRESSION DES SUGGESTIONS DANS L'IN-CONSCIENT
- AUTO-OBSERVATION
- REDEFINITION DES OBJECTIFS

Certaines de ces phases, bien que décrites séparément, ont lieu simultanément. Dans la pratique, il n'est pas si aisé de faire le départ entre elles : ainsi, l'approfondissement de la transe et la transmission à soi-même de suggestions s'effectuent parfois dans le même temps, tout comme l'auto-observation et la redéfinition des suggestions seront fréquemment plus ou moins confondues.

On apprend à s'autosuggestionner en suivant un programme, au cours duquel les pensées positives sont orientées et contrôlées dans le but d'effectuer des changements nets dans sa vie, plutôt que de de laisser le hasard ou le passé déterminer ce qui nous arrive. Le cycle dans son ensemble se répète indéfiniment : définition des objectifs, séances d'autosuggestion, auto-observation, refonte ou complément aux suggestions.

IX. LA TRANSE AUTOHYPNOTIQUE

La création d'états autohypnotiques est une pratique qui remonte aux temps les plus reculés. La plupart des ouvrages d'ésotérisme soulignent l'importance de la transe par auto-induction comme moyen de guérir les maux et d'accéder à la connaissance. Dans le yoga, une bonne part du travail vise à faire acquérir l'aptitude à entrer dans un état de transe. Ceci vient après une purification du corps, au-dedans et au-dehors, le maintien de certaines postures physiques (les asanas), des exercices de respiration (ou pranayama) et de concentration mentale. Dans la *Bhagavad Gita* (ch. 5, versets 27 et 28) on trouve ceci :
« Oblitérant toutes formes extérieures, le regard tourné vers le dedans fixant un point entre les sourcils, installant une respiration régulière, inspiration puis expiration, attentif au passage de l'air entre les narines, le Sage qui posède la maîtrise de ses sens, de son esprit et de son intelligence... »

Nombreux sont les êtres humains de par le monde qui se mettent eux-mêmes en état de transe. Certains croient entrer alors en contact avec les dieux, ou avec les esprits des ancêtres, ou voient là une forme de magie. En Occident, on considère de plus en plus l'autohypnose d'une façon beaucoup plus pragmatique, comme un moyen d'entrer en contact avec l'inconscient.
Quoique les principes fondamentaux sur lesquels s'appuient les techniques d'autohypnose soient les mêmes dans le monde entier, les conditions diffèrent selon les contrées ; or, la façon d'induire l'état de transe dépend de ces conditions. Notre état mental est fonction de subtiles transformations chimiques dans notre corps. Trop d'oxygène nous fait perdre le contrôle de nous-même, et trop peu nous fait perdre conscience. L'altitude est également un facteur important. A Johannesburg, à 1 800 mètres au-dessus du niveau de la mer, les voitures venant de la plaine ont besoin d'un réglage de carburateur. Si le fonctionnement d'une mécanique aussi grossière que celle d'une voiture peut être affecté par l'altitude, il ne faut pas s'étonner qu'elle affecte aussi notre corps sur le plan biologique et mental. Les montagnes et les déserts sont traditionnellement des endroits propices à la retraite et à la méditation. D'après mon expérience, plus l'altitude est élevée, plus l'induction de l'état de transe est facile — et cec n'est à mon avis pas uniquement une question d'oxygène. Certaines

personnes entrent en transe plus facilement lorsqu'elles ont moins d'oxygène qu'à l'habitude dans le sang, d'autres lorsqu'elles en ont davantage. En cette matière le lecteur doit découvrir ce qui lui convient. Avant de vous entraîner à vous relaxer ou à induire l'état de transe, essayez de respirer de façon superficielle pendant une minute. Puis, une autre fois, essayez une respiration profonde. Au cours des séances suivantes, pratiquez soit une respiration superficielle soit une respiration profonde, selon ce qui vous convient le mieux.

Les différences sont telles d'un individu à l'autre, et selon les conditions géographiques, qu'il n'est pas possible de fournir un programme « clefs en main » valable pour tout le monde.

Il existe bien des états de conscience, mais l'individu moyen n'a probablement jamais réfléchi à cette question. On n'est pas soit endormi soit éveillé ; soit conscient soit inconscient. Une distinction aussi simple n'est pas pertinente. Il existe bien des états intermédiaires, et, à dire vrai, lorsque nous sommes endormis nous ne sommes pas réellement inconscients. Par exemple si vous, lecteur, étiez endormi et si quelqu'un brisait une vitre dans la pièce, vous vous réveilleriez aussitôt en sursaut, car vous auriez entendu dans votre sommeil le bruit du verre brisé... Et pourtant vous dormiez lorsque la vitre a été cassée. En réalité, vous n'étiez pas complètement inconscient. Une partie de notre esprit reste ainsi « de garde », commme une sentinelle, même lorsque nous dormons. Qu'un événement anormal se produise, sous la forme d'un bruit par exemple, ou d'une odeur de brûlé, la sentinelle nous réveille. Un certain nombre de ces différents états de transe peuvent être cultivés. Dans certains d'entre eux la volonté est comme suspendue mais peut intervenir pour enregistrer dans l'inconscient ce que nous désirons suggérer. Ces états sont difficiles à décrire, mais si le lecteur est prêt à suivre les directives et à collaborer activement en recherchant la meilleure méthode, il découvrira bientôt qu'il peut ainsi acquérir une bien meilleure maîtrise de soi.

Des différentes méthodes visant à améliorer la suggestibilité et à s'hypnotiser, la plus couramment utilisée est celle du regard figé. Il en existe un certain nombre de variantes, dont certaines sont décrites au chapitre suivant.

Prenez garde, lorsque vous appliquerez l'une des méthodes qui suivent, de ne pas entraver vos progrès en comparant ce que vous ressentirez à des idées préconçues de ce que c'est qu'« être parti ». Si l'on secoue un plat en gelée pendant la prise, en disant à chaque secousse « ça n'a pas l'air de prendre », il y a bien peu de chance pour que la gélatine prenne jamais en masse. Il en est de même pour la suggestion : si tout en faisant vos exercices vous vous observez et vous commentez, vous risquez de retarder vos progrès.

L'état de suggestibilité varie d'une personne à l'autre. Ne posez pas comme condition que vous devez entrer en transe du premier coup. Il n'y a qu'une façon de juger des résultats de la suggestion : c'est en observant les résultats. Comme le dit le proverbe oriental : « Chaque goutte remplit la cruche. » Les suggestions, les prières, les efforts ne sont jamais perdus. Peut-être n'observerez vous aucun changement marquant juste après vos séances d'autosuggestion. Mais même si vous n'avez obtenu qu'une transe des plus légères, même si vous n'étiez qu'en état de relaxation lorsque vous vous êtes transmis des suggestions, certaines de ces suggestions se seront imprimées dans votre inconscient, où elles viendront renforcer les suggestions à venir.

Au contraire, la bonne stratégie consiste à se dire : « Je ne suis pas pressé. Je ne vais pas compromettre toute cette entreprise en fixant la date du jour où je dois entrer en transe, ou du jour où je dois atteindre le résultat désiré. » Vous êtes une personne et chaque cas individuel est différent. Peut-être atteindrez-vous votre but rapidement et facilement, peut-être vous heurterez-vous à une difficulté de longue date, qu'il faudra un certain temps pour résoudre. Ne vous fixez aucune échéance. Consacrez simplement le temps que vous pouvez à votre entraînement, même si ce n'est que quelques minutes par jour, et faites preuve de constance en suivant la direction indiquée.

Dans bien des cas les gens m'écrivent pour me dire qu'ils ont atteint le résultat désiré sans jamais être entrés dans une transe vraiment profonde. Ils ont seulement suivi les directives, en se transmettant des suggestions dans l'esprit indiqué par ce livre au cours de leurs séances de relaxation.

Une fois acquis l'art de faire passer des suggestions dans l'inconscient, il est, de fait, inutile de s'allonger et de répéter toute la marche à suivre pour atteindre un état de relaxation préalable à la transmission des suggestions. Il est possible de s'autosuggestionner avec succès tout en marchant, tout en conduisant, tout en prenant le bus ... Lorsque l'on a maîtrisé l'art de l'autosuggestion, il est possible de transmettre à son inconscient des ordres, des directives, sans entrer en transe, simplement en fermant les yeux quelques minutes et en se parlant mentalement.

Au moment de mettre en application un moyen d'induire l'état de transe, choisissez-en un qui vous attire et essayez-le. Essayez-en d'autres si vous en avez envie. Ces expériences peuvent être réalisées dans n'importe quel ordre. Si le premier moyen vous convient, il n'est nul besoin d'éprouver les autres. Je conseille au lecteur de tester, d'apporter des modifications, enfin de trouver quelles seront pour lui les meilleures conditions, en tenant compte de ses particularités, du temps dont il dispose et des circonstances dans lesquelles il se trouve.

Avant de commencer votre séance d'autosuggestion, veillez à vous entourer de bonnes conditions de confort. Faites en particulier attention à la température de la pièce ; assurez-vous que vous n'aurez pas froid et qu'il n'y a pas de courants d'air ; plus tard, ces précautions deviendront inutiles. Avant de vous mettre vraiment en train, commencez par des suggestions en état d'éveil. Dites-vous, à haute voix ou mentalement, « Je vais commencer à m'autohypnotiser ». La raison pour laquelle il faut utiliser le mot « commencer », c'est que peut-être vous ne réussirez pas du premier coup et qu'il faut vous garder d'une possible déception en évitant d'associer un enjeu trop lourd à cette seule séance. Si pour une raison quelconque vous ne voulez pas vous hypnotiser mais désirez maîtriser l'art de l'autosuggestion, dites-vous : « Je vais pousser le plus loin possible ma suggestibilité sans pour autant m'autoriser à entrer en transe. »

Ces suggestions préliminaires en état d'éveil doivent être des instructions qui déterminent votre attitude durant la séance d'autosuggestion. Ces suggestions doivent être choisies en fonction des circonstances et des conditions pratiques dans lesquelles vous vous trouvez. Par exemple : « Je dispose de X minutes et je vais me laisser dériver aussi loin que possible... Je n'observerai pas mes efforts d'un oeil critique. Si je suis interrompu, si le téléphone sonne, si quelqu'un frappe ou m'appelle, je me lèverai immédiatement et serai pleinement éveillé ».

Dans le chapitre suivant, vous trouverez la description de différentes méthodes d'induction.

X. L'INDUCTION DE LA TRANSE AUTOHYPNOTIQUE

Voici une technique permettant de se mettre en autohypnose en fixant un objet du regard – un bouton de porte, un interrupteur, une bougie ou une lampe. Dans le cas d'une lumière électrique, pour éviter de vous abîmer les yeux, choisissez une ampoule de faible puissance, ou recouvrez-la d'un abat-jour. La manière de procéder est la suivante : asseyez-vous à deux ou trois mètres de l'objet, de la bougie ou de la lampe ; mettez-vous physiquement en état de relaxation – comme indiqué précédemment – et tournez votre regard vers l'objet ou la lumière. Fixez-le du regard (en laissant l'image de ce que vous regardez s'imprimer dans votre esprit) ; continuez à le regarder fixement. Faites abstraction de tout ce qui se présente à votre esprit : idées, sensations... Soyez indifférent aux bruits, à votre propre respiration, ...etc. Vous prendrez peu à peu conscience de la pesanteur de votre corps, vous sentirez la somnolence vous gagner, vos paupières devenir de plus en plus lourdes ; lorsqu'il sera trop difficile de tenir les yeux ouverts, fermez-les. Mais si votre esprit reste en alerte et se met à analyser vos progrès, tout le processus de « laisser-aller » sera automatiquement interrompu. Vous devez faire le vide dans votre esprit, et garder l'esprit dégagé. Si des bruits parviennent à votre oreille, n'y prêtez pas attention ; si des pensées traversent votre esprit, laissez-les passer : continuez à vous laisser aller au repos et à l'assoupissement.

Si le lecteur peut se procurer une boule de cristal, qu'il la place sur un pied ou la tienne entre ses mains, et la regarde fixement, les yeux mi-clos. On peut obtenir un résultat similaire en utilisant un simple verre rempli d'eau, ou un miroir. Le principe reste le même : c'est l'impossibilité d'accommoder à une distance précise qui crée un certain flou, de la vision d'abord, puis de la conscience. Cette impression de perte de repères, de détachement, peut être accrue par suggestion. Dans le cas d'une boule de cristal, la zone où le regard hésite aura le diamètre de la boule, de même dans le cas d'un verre d'eau ; dans le cas d'un miroir, elle aura l'épaisseur de la couche de verre. En effet, un miroir est une plaque de verre recouverte, au dos, d'une couche de tain ce qu'un examen attentif permet de percevoir par soi-même. Lorsque l'on fixe le miroir, en particulier obliquement, le regard se règle tantôt sur la face avant du verre, tantôt sur la face étamée (derrière la couche de verre), tantôt quelque part entre les deux. Cette technique peut entraîner des réactions très diverses : certaines personnes tendent à s'assoupir, d'autres parfois entrent en transe.

Pour mettre en application cette méthode, procurez-vous un miroir et collez au centre un fragment de papier blanc de la taille d'un petit pois. Si vous utilisez un miroir de poche, posez-le sur la table afin de pouvoir le regarder aisément, sans effort. Si vous utilisez le miroir d'une coiffeuse, asseyez-vous confortablement et fixez votre regard à l'endroit où vous avez collé le papier. Chassez de votre esprit toute autre pensée ; fixez longuement, intensément, cet endroit. Ne laissez pas votre attention dériver. La distance entre le miroir et vos yeux doit être telle qu'elle vous permette une attention sans effort. Mieux vaut être un peu penché en avant, de sorte que l'on ait à lever légèrement les yeux. Bientôt vous battrez des paupières et les sentirez s'alourdir. Gardez-les bien ouvertes, et vos yeux vous picoteront, vous brûleront. En continuant à concentrer votre regard au même endroit vous ressentirez bientôt un puissant désir de fermer les yeux. Ne faites rien, *ne pensez à rien, n'essayez pas d'analyser ce qui se passe*. Vous atteindrez le point où vos yeux se fermeront d'eux-mêmes − quand ce moment viendra, autorisez-vous à les garder fermés, et vous vous assoupirez de plus en plus profondément. Laissez-vous sombrer dans cette somnolence aussi loin que vous le pouvez sans renoncer au pouvoir de vous lever et d'interrompre la transe. Parvenu à ce point, continuez à vous reposer.

Une autre méthode consiste à s'allonger en état de décontraction, après avoir fait en sorte qu'un objet de petite taille − perle brillante, clef, bouton − se trouve suspendu à quelques dizaines de centimètres au-dessus de votre visage. Pour cela vous pourrez par exemple tendre un fil ou une ficelle en travers de la pièce, d'un loquet de fenêtre à un crochet de tableau, juste au-dessus de l'endroit où vous serez assis ou allongé. Vous y attacherez ensuite verticalement une autre ficelle, au bout de laquelle sera accroché l'objet : celui-ci devra se trouver juste devant vos yeux, ou un peu au-dessus, de manière à ce que votre regard converge légèrement vers le haut.

Regardez longuement l'objet, jusqu'à ce que la sensation de pesanteur et d'assoupissement qui en résulte vous oblige à fermer les yeux, puis laissez-vous aller plus profondément encore à cette somnolence.

Il est bien d'autres manières de recourir à cette méthode du regard figé pour induire un état de transe. N'importe quel objet ou presque peut être utilisé pour servir de point fixe sur lequel concentrer votre regard et votre attention.

Divers dispositifs mécaniques permettent également d'apprendre à s'autohypnotiser, notamment des appareils utilisant ce principe de la fixation du regard (disques ou feux tournants), qui peuvent être utiles aux premiers stades de l'apprentissage. L'inconvénient de ces supports visuels est qu'ils deviennent inopérants dès que l'on ferme les yeux, et c'est à ce point que ceux qui font appel au sens de l'ouïe (un métronome qu'on écoute, ou le tic-tac d'une horloge) ont l'avantage d'apporter une aide ininterrompue.

Il ne fait pas de doute que le support matériel le plus efficace est l'enregistrement d'une séance d'induction hypnotique grâce à laquelle le débutant est mis en condition, puis guidé par la voix de l'hypnotiseur à travers une série d'états de moins en moins superficiels, jusqu'à une transe plus profonde. L'élève pouvant écouter l'enregistrement aux moments où il le désire, et aussi souvent qu'il le souhaite, est maître de son propre conditionnement à l'hypnose. Il existe un cours enregistré mis au point par l'auteur de ce livre, et qui contient à la fois une induction à l'hypnose et des suggestions posthypnotiques que l'élève pourra utiliser également lorsqu'il sera capable de se mettre en état de transe sans l'aide de l'enregistrement. Un courrier peut être adressé à l'auteur pour plus de précisions sur ces enregistrements (en langue anglaise) et la façon de se les procurer.

D'après mon expérience personnelle, la meilleure et la plus commode des manières d'atteindre un état de transe est un prolongement de la méthode décrite sous le nom de « méthode un-deux-trois » et présentée au chapitre cinq. Ce qui suit peut être effectué en position allongée ou assis sur une chaise.

On s'apercevra que si l'on a bien suivi les instructions en comptant mentalement « un ...deux ...trois », on aura mis en place le réflexe de fermer tout doucement les yeux à trois ; continuez alors, les yeux fermés, à compter « ...quatre ...cinq ...six ...sept ...huit ...neuf ...dix ». Tout en comptant vous aurez peu à peu dérivé vers l'état de transe. Vous pouvez approfondir celui-ci en effectuant l'un des exercices de désorientation suivants :

Lorsque vous êtes arrivé à dix tout en vous relaxant, les yeux fermés, dirigez votre attention vers le coin en haut à droite du plafond, derrière vous. Attendez quelques instants, puis dirigez votre attention vers le coin à droite devant vous ...puis vers le coin devant à gauche ...puis vers le coin derrière gauche ...et enfin vers votre point de départ. Dans la mesure où ce sont nos sens qui nous font nous repérer dans l'espace et dans le temps, lorsque l'on a les yeux fermés et que l'on se met à faire ces exercices, notre perception de l'espace est désorientée et nous dérivons vers un état de transe ou de sommeil : dans cet état de transe il est possible de se communiquer à soi-même des suggestions.

Si le lecteur n'a jusqu'ici pu atteindre qu'une transe superficielle, qu'il n'en tire pas de conclusions négatives quant à l'issue finale de ses exercices. L'on ne saurait trop répéter que l'on peut enregistrer efficacement des suggestions même en état de transe légère.

Le lecteur peut alors se répéter des suggestions qui l'aident à se « laisser aller ». Qu'il formule des suggestions générales de bien-être, de confort, de décontraction, d'impression de sombrer, de s'assoupir de plus en plus, de s'endormir de plus en plus, etc.

Une autre méthode simple mais efficace consiste à s'asseoir, ou à s'allonger, et lorsqu'on s'est mis en état de relaxation, à se mettre à compter lentement en silence. Au mot « un », laissez doucement vos yeux se fermer. A « deux », ouvrez-les languissamment. A « trois », fermez-les, à « quatre », rouvrez-les. Continuez à compter et à laisser vos yeux se fermer doucement aux nombres impairs et à les ouvrir aux nombres pairs. Lorsque vous ouvrirez et fermerez les yeux, ne le faites pas avec brusquerie mais en douceur, en les laissant se fermer pour ainsi dire d'eux-mêmes et en les ouvrant sans heurt, paresseusement. Avant de mettre en œuvre cette méthode d'induction, communiquez-vous la suggestion que vos paupières vont devenir de plus en plus lourdes au fur et à mesure de l'exercice, et avant longtemps vous les sentirez si lourdes que vous n'aurez plus la force de les ouvrir. Continuez à compter jusqu'à ce que vous en arriviez là, puis prolongez ceci par des suggestions, comme dans la méthode précédente.

Par rétroaction ou feedback

Cette méthode se fonde sur le fait que nous-mêmes sommes le meilleur juge des expressions ou des mots qui décrivent ce que nous ressentons.

Pour mettre en œuvre cette méthode, notez par écrit ou rappelez-vous les mots ou expressions qui vous ont le plus aidé lorsque vous effectuiez les exercices, ceux qui semblent « trouver un écho en vous ». Ce peut être : « de plus en plus lourd .... de plus en plus chaud ... une respiration de plus en plus profonde ».. . et ainsi de suite. Cette méthode, pratiquée en état de relaxation, consiste à vous re-présenter sous forme de suggestions mentales les sentiments, les sensations de décontraction et d'assoupissement que vous avez éprouvé précédemment. Formulez ces suggestions de manière à en intensifier les effets ; par exemple : « Je sens mon corps de plus en plus lourd ... J'ai de plus en plus chaud ... Respiration de plus en plus profonde ... plus ma respiration est profonde et plus je me sens lourd, plus j'ai l'impression de m'assoupir. » Pour appliquer cette méthode, asseyez-vous ou allongez-vous comme décrit précédemment, et communiquez-vous ces suggestions. Lorsque vous faites cela il n'est pas nécessaire de parler à voix haute ; se répéter mentalement ces suggestions suffit. Plus son détachement s'accroît, plus le lecteur est proche de cette situation où il joue le double rôle d'hypnotiseur et d'hypnotisé.

Par la lecture   Voici un moyen simple de submerger votre esprit sous une seule idée, excluant par là tout le reste. Cette méthode consiste à faire une description par écrit des sensations de décontraction que vous avez éprouvé lors de vos précédentes séances d'induction. Choisissez celles qui vous ont amené à approfondir votre relaxation. Je suggère, comme point de départ, des formules de ce type : « Me voici assis confortablement et parfaitement à l'aise. Je suis détendu et j'ai vaguement sommeil. Si je continue à lire ceci j'aurai de plus en plus sommeil. Je sens mes bras devenir lourds et mon corps devenir de plus en plus lourd. Mes paupières s'alourdissent et je commence à avoir sommeil. J'ai une grande impression de confort. Mon corps est détendu. Mes bras sont détendus. Mes jambes sont détendues. Mes jambes et mes pieds sont détendus, pesants, lourds sur le sol. Pendant tout ce temps-là je suis de plus en plus à mon aise, de plus en plus profondément détendu. Tout ce que je veux c'est me reposer. Mes paupières deviennent de plus en plus lourdes − si lourdes que peu à peu je les ferme. Je les ferme. Tout ce que je veux c'est me reposer.»

Si vous décidez d'utiliser cette méthode pour induire l'état de transe, assurez-vous que tout ceci est écrit de façon claire ou tapé à la machine pour pouvoir être lu facilement et sans effort. Asseyez-vous confortablement, de préférence sous une lumière douce, et lisez lentement. Lisez lentement en vous laissant gagner par les suggestions. Quand vos yeux voudront se fermer, laissez-les faire, et accordez-vous quelques instants de repos. Reprenez ensuite vos suggestions de détachement, puis passez à l'enregistrement des suggestions à l'ordre du jour.

Par saturation de   Dans cette méthode il s'agit de saturer complètement l'esprit
l'attention   d'une seule idée. La façon dont cette méthode fonctionne sera plus claire si l'on se souvient que dans tout état mental un certain nombre d'éléments sont présents, et que la conscience est un agrégat de nombreux éléments. Cette méthode consiste en une série d'opérations distinctes, auxquelles on se sera au préalable entraîné séparément. Pratiquer l'induction revient alors à mettre toutes opérations en œuvre simultanément. Si l'on réussit cela, on va alors aussi loin que l'on puisse aller dans le détachement sans renoncer à sa volonté.
Pour mettre en œuvre cette technique, l'idée de somnolence sera celle que vous prendrez pour saturer votre esprit. Vous choisirez l'idée de somnolence parce que cette notion est proche de l'état de détachement mental que vous désirez créer en vous.
La première opération concerne la façon dont votre corps est disposé, telle que nous l'avons déjà évoquée à propos

des premiers exercices de relaxation. La seconde opération, consiste à faire revivre la sensation générale qui se dégage de la somnolence, son caractère agréable, la paresse à l'effort, le détachement — toute l'atmosphère qui se crée autour de cette sensation sur le plan émotionnel, dont vous vous souviendrez pour l'avoir déjà ressentie lors de précédents exercices. Pour ce qui est de la troisième, visualisez mentalement le mot SOMNOLENCE, comme s'il était écrit sur un carton en caractères d'imprimerie — à moins que d'expérience il ne vous soit plus efficace de vous visualiser, vous, à demi endormi dans un fauteuil confortable. Pour la quatrième opération, entraînez-vous à prononcer le mot SOMNOLENCE comme si vous vous parliez doucement à vous-même. Soyez sensible aux mouvements que font votre langue et vos lèvres en disant cela. Dites-le doucement, lentement, paresseusement. Marmonnez-le si vous le désirez. Pour ce qui est de la cinquième opération, faites intervenir consciemment le sens de l'ouïe. Ecoutez-vous prononcer le mot « somnolent » ou « somnolence », en prêtant attention à chaque syllabe.

L'étape suivante consiste à s'assurer que le mot « somnolence » est bien prononcé au moment de l'expiration. Assurez-vous que sur cette expiration, le mot devient comme un soupir tout ensommeillé. Ces opérations doivent, autant que possible, être l'objet d'un entraînement séparé jusqu'à ce qu'elles puissent être pratiquées sans effort, sans y penser.

Un entraînement préalable sera nécessaire pour créer et contrôler tous ces réflexes séparés, pour qu'enfin ils puissent être coordonnés sans heurt, sans que le conscient soit ni nécessaire, ni présent — car on ne peut espérer créer les conditions propices à l'état de transe aussi longtemps que l'on n'a pas libéré son esprit conscient de ces tâches de supervision. Toute tentative d'induire une autohypnose est vouée à l'échec tant que l'esprit conscient n'a pas été dégagé de ce rôle de création des conditions psychophysiologiques adéquates, pour la bonne et simple raison qu'il est absolument impossible d'avoir l'esprit à la fois vide de toute pensée et en train de penser à quelque chose.

Lorsque ces réflexes seront devenus automatiques, l'esprit conscient pourra observer en spectateur passif ce qui se passe. C'est de ce détachement-là que l'on fait l'expérience au moment où l'on est sur le point d'induire une autohypnose.

Lorsque vous voudrez mettre en œuvre cette induction, asseyez-vous ou allongez-vous, et relaxez-vous. Commencez alors à prononcer doucement, calmement, le mot Somnolent ou Somnolence... Soyez sensible aux mouvements que font vos lèvres, votre langue, et à ceux que provoque votre respiration. Ecoutez-vous prononcer ce mot avec douceur... Evoquez mentalement l'image que vous avez choisie, celle qui est le plus fortement associée à la somnolence, c'est-à-dire le mot écrit en caractères d'imprimerie, ou l'image que vous désirez visualiser... Ressentez physiquement toutes les sensations qui vous viennent au souvenir de cette idée.

Continuez ainsi, mais chaque fois que vous prononcerez ce mot, prononcez-le plus lentement, dites-le plus doucement, en ménageant chaque fois des intervalles de plus en plus longs. Il n'est à l'évidence pas nécessaire de le dire sur chaque expiration. Si l'opération de coordination se fait bien, sans perturbation extérieure, tout votre esprit, votre corps et votre cœur seront soumis à cette influence unique et irrésistible.

Le lecteur, s'il a scrupuleusement effectué les exercices mentionnés ci-dessus, aura alors induit en lui-même un certain degré de détachement, ou de transe. Même s'il n'a atteint qu'une transe superficielle, qu'il se communique par suggestion l'idée que les prochains exercices seront couronnés de succès, et la transe alors s'approfondira.
Procédez sans effort intempestif, sans hâte exagérée. Si les résultats sont longs à venir, acceptez ceci comme un fait. Suivez soigneusement, scrupuleusement les directives. Vos progrès seront peut-être rapides, ils seront peut-être lents. Si tel est le cas, que cela ne vous perturbe en aucune manière. Si l'on aborde les exercices donnés précédemment avec une attitude d'esprit appropriée, si on les exécute avec soin, le moment où l'on atteindra un détachement suffisant pour s'autosuggestionner valablement ne tardera guère. En utilisant la méthode de re-présentation dont on a déjà parlé, on peut approfondir une transe superficielle de façon non négligeable.

Chacune des méthodes décrites s'achève par cette directive : continuer à s'assoupir, ou à se reposer. En ce qui concerne l'état de transe en autohypnose, la profondeur idéale, celle qu'il faut valoriser, est celle où l'on pousse le détachement aussi loin qu'il est possible sans renoncer à sa volonté et à son pouvoir de contrôle. C'est un état de conscience dans lequel la volonté est volontairement suspendue mais où l'on garde juste assez de volonté pour interrompre la transe si on le désire.

XI. COMMENT APPROFONDIR L'ETAT DE TRANSE

Point n'est besoin pour le lecteur moyen qui désire se guérir de quelque mal, ou modifier quelque situation ou quelque habitude dans sa vie, de maîtriser les techniques d'approfondissement de l'état de transe qui sont décrites dans ce chapitre. J'insisterai cependant sur le fait que les résultats dépendent de la régularité des séances, et d'une vérification fréquente et réaliste de la bonne formulation des suggestions, pour les modifier si nécéssaire. Les méthodes décrites ci-après s'adressent en priorité à ceux qui étudient les techniques de psychologie, la perception extra-sensorielle, ou les techniques de méditation. Toutefois, de nombreux lecteurs auront peut-être envie de s'y essayer.

Ce qui empêche l'induction d'un état de transe, ou entrave son approfondissement, c'est avant tout le fait d'essayer en forçant et d'être trop anxieux du résultat, le fait d'utiliser une méthode d'induction qui ne vous convient pas (parce que votre inconscient n'approuve pas les suggestions que vous faites, parce que sans y prêter attention vous avez émis à votre propre intention des suggestions négatives concernant vos progrès, ou bâti toute autre résistance inconsciente). La plupart de ces résistances peuvent être surmontées en suivant les conseils donnés dans ce livre. Il contient de nombreuses connaissances, de nombreuses directives, mais certains lecteurs auront peut-être besoin de tester les différentes méthodes d'induction décrites, éventuellement d'y apporter des modifications, ou d'en combiner plusieurs pour trouver celle qui convient à leurs conditions de vie et à leurs exigences spécifiques.
Lorsque vous éprouvez une légère sensation de détachement au cours de l'entraînement, c'est le moment de faire intervenir la suggestion : votre transe, si légère soit-elle, en sera approfondie, pour peu que vous répétiez et fassiez intervenir des suggestions positives. Ne vous dites pas « Ce n'est pas ce que j'attendais. Ce n'est pas assez profond. Je veux atteindre un état de transe profonde. » Ne posez pas le fait d'entrer en transe comme condition préalable à vos suggestions. Souvenez- vous que dans tous les cas l'état de transe lui-même n'est qu'un moyen ; souvenez-vous également que dans la majorité des cas les guérisons obtenues par l'hypnose interviennent à la suite de transes seulement moyennes ou superficielles. Si vous posez comme condition sine qua non le fait d'entrer dans un état de transe profonde, de fait vous vous hypnotisez avec l'idée

suivante : « Je ne peux pas obtenir de résultat si je n'entre pas en transe profonde. » Ceci est faux et il n'y a rien a gagner à vous induire en erreur. La bonne suggestion serait : « Que je parvienne à une transe légère, moyenne ou profonde, je vais maintenant me débarrasser de (citez la difficulté) aussi rapidement que possible. » Ne posez pas de conditions. L'une des causes de la résistance de l'inconscient à l'induction d'un état de transe est que l'individu essaye de forcer son inconscient. La meilleure manière d'approfondir un état de transe, et l'une des meilleures manières de surmonter une résistance inconsciente, est de se communiquer la suggestion juste, avec douceur mais aussi avec insistance.

Une transe très légère peut être suscitée simplement en fermant les yeux et en comptant mentalement jusqu'à dix. Dans les conditions adéquates, cette transe pourra devenir plus profonde. Mais si juste après le « dix » l'on se dit : « Je ne suis pas en transe. Je suis parfaitement éveillé », on élimine du même coup ce qui qui aurait pu se transformer en transe. Si au lieu de se faire ce commentaire on avait noté mentalement la pesanteur de ses bras ou de ses jambes (voir les exercices de relaxation donnés plus haut), et si l'on s'était dit mentalement : « Il me semble que mes bras s'alourdissent et que ma respiration devient plus ample », si l'on avait continué dans cette direction, la transe superficielle serait progressivement devenue transe profonde.

Lors d'un voyage en Inde, je fis la connaissance d'un homme qui accomplissait des exploits tout à fait extraordinaires. J'admirai la facilité et la rapidité avec laquelle il se mettait lui-même en transe, et fus fort surpris de l'entendre dire qu'il s'était écoulé sept ans entre ses premières tentatives et le moment où il avait enfin réussi à induire pour la première fois un état de transe. La raison de ce long délai était qu'à ses premières tentatives il s'était imaginé pouvoir susciter un état de transe en quelques séances. Devant son échec à induire une transe en un temps relativement court, il perdit courage et abandonna momentanément ses tentatives. Pendant quelques années il s'essaya par moments, sans succès, à induire un état de transe en lui-même, jusqu'au jour où il se rendit compte que son échec était dû au fait qu'il s'était transmis sans y prendre garde des suggestions négatives, et n'avait pas pratiqué un entraînement régulier mais seulement une suite décousue d'expériences effectuées aux moments où l'envie l'en prenait. Lorsqu'il se mit à s'entraîner de façon régulière, il réussit bientôt.

Il arrive — c'était le cas de l'homme dont nous venons de parler — qu'un élève ne progresse plus et ne sache pas pourquoi. Il se peut qu'il se soit heurté à quelque résistance inconsciente, ou que la raison soit autre.

Il est impossible, dans un manuel de ce type, de donner des instructions précises adaptées à chaque cas, mais si cette personne, ne faisant pas les progrès que méritent ses efforts, veut bien m'écrire à l'adresse de l'éditeur, en me donnant brièvement les détails, je serai heureux de lui conseiller la meilleure marche à suivre pour surmonter ses difficultés.

Chez la majorité d'entre nous, atteindre une transe plus profonde se fait de façon progressive, mais avec de la patience et de la persévérance la plupart des résistances cèdent peu à peu. Une cause possible de résistance à l'induction d'un état de transe réside dans le fait que l'inconscient oppose une objection à la nature des suggestions émises par le conscient. En modifiant ces suggestions, l'on réussit fréquemment à vaincre cette résistance inconsciente. Imaginez, par exemple, qu'un homme soit en retard dans son travail et se surmène : s'il se met à s'autosuggérer dans le sens d'un effort pour surmonter son impression de fatigue, et ce alors même qu'il puise déjà trop dans ses réserves d'énergie, il opposera une résistance inconsciente à l'induction d'une transe et à la suggestion hypnotique. Si un lecteur se trouve dans ce cas, il parviendra à une solution en relisant les recommandations fournies au début de ce livre sur la façon dont la collaboration de l'inconscient peut être obtenue en formulant les suggestions d'une façon telle qu'elles puissent recevoir l'approbation aussi bien de l'inconscient que du conscient.

L'une des techniques permettant d'accéder à une transe plus profonde consiste à décrire par écrit ce que l'on ressent lorsque l'on entre en transe. Le lecteur peut ici faire appel à son imagination, en décrivant ce qu'il ressent lorsqu'il sombre dans le sommeil et en y incorporant quelques-unes des suggestions ci-dessous. Ceci est un prolongement de ce que nous avons décrit sous le nom de « méthode par rétroaction (ou feedback) ». La raison pour laquelle nous vous incitons à établir vous-même votre documentation reose sur l'importance du fait de traiter de vos propres expériences, décrites avec vos propres mots. Vous trouverez ci-dessous des suggestions dans l'esprit desquelles vous devrez préparer les vôtres : « Je suis assis sur une chaise — Mon corps se sent lourd — Je suis très fatigué — Je ne veux faire aucun effort, d'aucune sorte — Je suis détendu et j'ai un peu sommeil — L'assoupissement me gagne — Mes yeux se ferment — Je sens une léthargie m'envahir — Mes pensées s'engourdissent — C'est presque comme si j'allais m'endormir — mais je resterai en mesure d'entendre tout ce qui se passera. Ma respiration devient plus lente, plus profonde et plus tranquille. Tout mon corps est détendu — Mes paupières sont très lourdes — J'éprouve un sentiment d'apaisement, de bien-être, de satisfaction. Je suis complètement relaxé, physiquement et mentalement — Mes jambes deviennent de plus en plus lourdes — Mes épaules, mon dos et tout mon corps sont détendus — Je n'ai aucun désir de faire quoi que ce soit, sauf me détendre — et laisser cette somnolence m'envahir de plus en plus profondément.

Si vous éprouvez des difficultés de mémorisation, bornez-vous à l'emploi de suggestions brèves, simples et répétitives. Ecrire vos suggestions a pour but de vous aider à les mémoriser ; il est donc inutile d'exiger le mot pour mot quand le thème général est la relaxation profonde. Le lecteur retiendra, parmi les méthodes précédemment décrites, celle qui lui apportera les meilleurs résultats. L'étape suivante consistera, après avoir atteint l'état de transe le plus profond possible, à utiliser les termes mémorisés sous forme de suggestions.

Il est important que vos vêtements soient amples et confortables, et que vous soyez nu-pieds ou chaussé à votre aise. Une légère couverture ou une petite couette peut être utile pour vous protéger du froid et des courants d'air. Soyez particulièrement attentif à la température de la pièce — faites en sorte qu'elle soit douce et qu'il n'y ait pas de courants d'air. Arrangez-vous, autant que faire se peut, pour que les séances ne soient pas précédées par une dépense inhabituelle d'énergie — nerveuse en particulier. Le but de cela est de vous assurer dans la mesure du possible que vos réserves d'énergie nerveuse ne sont pas entamées, en dessous de leur niveau normal, ceuiq serait un facteur de tension. Pour certaines personnes, le fait de se déchausser et glisser une bouillotte sous leurs pieds facilite l'accès à la transe. Cependant, toutes ces améliorations de votre confort matériel accroissent le risque d'endormissement.

Un bain chaud est généralement une très bonne chose mais, chez certains, il créera des conditions opposées à la transe. Il est impossible de donner des instructions précises qui puissent servir à tout le monde. Chacun réagit à sa façon, c'est pourquoi je conseille au lecteur d'étudier soigneusement et en détail ses réactions. En s'observant attentivement, il décèlera peut-être maints petits détails qui, sans qu'il s'en rende compte, l'auront légèrement dérangé. A titre d'exemple, une personne qui s'entraînait tard le soir et ne réussissait pas à dépasser le stade de la transe légère, s'aperçut qu'en cessant de boire du thé le soir elle avait fait du même coup disparaître la tension éprouvée précédemment. Nous recommandons au lecteur d'étudier de près toutes les circonstances et les faits qui pourraient avoir une influence sur ses tentatives.

Si vous sombrez dans une transe trop profonde, vous ne vous en rendrez compte qu'en vous réveillant. Pour autant qu'on le sache, nul n'a jamais éprouvé quelque désagrément que ce soit à se mettre en transe par auto-induction. Si le lecteur, au cours d'un exercice, entrait en état de transe profonde ou s'endormait profondément, il n'aurait qu'à induire, la fois suivante, une transe moyenne en ne s'autorisant pas à sombrer trop profondément, certaines suggestions étant précisément destinées à l'empêcher de perdre les rênes. Ces suggestions devront aller dans le sens suivant : « J'entre en état de transe, mais ne m'endormirai pas, ni ne perdrai conscience. Je resterai sensible à tous les bruits du dehors, ils ne me dérangeront pas, mais je les entendrai tout du long. Le but de mon entraînement et de mes exercices est d'implanter certaines suggestions dans mon inconscient, et pour pouvoir le faire, je ne dois ni perdre conscience ni m'endormir. »

On ne saurait trop répéter que pour opérer des transformations en soi il n'est nullement nécessaire de s'hypnotiser. Ce manuel vous montre de quelle manière toutes les transformations que l'on peut provoquer au cours d'une transe auto-induite peuvent être obtenues par autosuggestion.

L'exercice de désorientation qui suit peut vous aider à atteindre un état de transe plus profond. On pourra faire cet exercice préalablement à une séance d'autosuggestion.

Pièce obscurcie Cet exercice préparatoire doit s'effectuer dans l'obscurité totale. L'obscurité complète est utilisée au cours de la formation des insangomes (et de maints autres mystiques). En ce cas la nature de la transe est différente car il devient possible d'ouvrir les yeux sans interrompre la transe (on parle alors de somnambulisme). Il faut pour atteindre cet état de conscience énormément de temps et d'entraînement. Il est difficile de se maintenir dans cette position d'équilibre instable entre, d'une part perdre conscience ou sombrer dans le sommeil, et d'autre part, se réveiller et avoir les sens en alerte. Effectuez cet exercice dans une pièce totalement obscurcie. Faites l'expérience de vous promener en tenant une baguette à la main, repérez-vous en touchant les objets avec l'extrémité de la baguette et bientôt vous aurez la sensation de « sentir » avec l'extrémité de la baguette. C'est le début de ce qu'on appelle l'extension sensorielle. Après avoir fait cette expérience des deux mains, allongez-vous les yeux fermés et placez votre index *doucement* sur la paupière, et doucement, très doucement, exercez une légère pression. Si vous déplacez votre doigt vous verrez probablement des éclairs lumineux — en couleur peut-être — lorsque vous toucherez certaines zones (ce phénomène est provoqué par une pression sur le nerf optique ; insistons une fois encore sur le fait qu'il convient de procéder avec une extrême douceur). Enlevez maintenant vos mains et concentrez-vous, en essayant de visualiser mentalement les éclairs de lumière (les phosphènes), sans bien sûr toucher vos yeux de quelque manière que ce soit. Ce faisant, gardez les yeux fermés. Ces demi-lueurs vagues, indécises, que l'on voit parfois lorsque l'on a les yeux fermés, sont la matière brute avec laquelle se constituent les images mentales, qui peuvent aussi être formées par le pouvoir de la concentration. Appliquez-vous à essayer de bâtir l'image du nombre « un » ; visualisez-le comme le numéro « 1 » au tableau noir, c'est-à-dire comme une forme blanche sur un fond noir. Lorsque vous l'aurez vu apparaître, fût-ce vaguement, supprimez-le et faites apparaître le chiffre « 2 ». Supprimez-le à son tour et continuez à faire apparaître chaque nombre jusqu'à « 10 ». Cet exercice ne vise pas seulement à améliorer le contrôle mental, il produit également une désorientation : l'on s'apercevra qu'à la suite de cet exercice et de l'exercice qui suit, l'on atteint à un degré plus profond de l'état de transe.

Pour effectuer cet exercice d'approfondissement de la transe, allongez-vous les bras sur les côtés et fermez les yeux. N'essayez pas de créer un état de transe mais imaginez simplement un point qui se déplace en suivant les contours de votre corps. Commencez au sommet de la tête et imaginez que le point descende le long de votre tête, dessine le contour de votre oreille, puis descende le long de votre cou, le long de votre épaule et suive la ligne extérieure de votre bras jusqu'à ce qu'il arrive à l'extrémité de l'auriculaire. Suivez ensuite les contours de la main jusqu'entre les doigts et autour de votre pouce, et remontez à l'intérieur du bras jusqu'à l'aisselle, avant de suivre tout le contour de votre corps jusqu'à ce que vous soyez revenu au sommet de la tête. Faites suivre cet exercice de suggestions visant à rendre la transe plus profonde.

XII. COMMENT SURMONTER LES OBSTACLES

L'un des obstacles que l'on peut rencontrer en apprenant à s'hypnotiser soi-même provient d'une attente exagérée quant à l'expérience vécue pendant la transe. Bien sûr, rares sont ceux qui s'attendent à entrer dans quelque étrange et mystique état mental pour être aussitôt transportés dans d'indéfinissables royaumes, mais parfois des idées préconçues sur ce qu'est la transe entravent les progrès plus qu'elles ne les facilitent. Quiconque essaierait d'atteindre un état n'ayant d'existence que dans sa propre imagination retarderait à l'évidence ses progrès vers la transe réelle.

Un autre obstacle tient à ce que les personnes qui étudient l'autohypnose sous-estiment fréquemment les modifications de leur état survenues pendant les séances. Il est avéré que les pratiquants inexpérimentés (mais aussi plus aguerris) tendent à sous-évaluer la profondeur de la transe qu'ils ont atteinte. Les lecteurs familiers des manuels d'hypnose savent bien que l'appréciation par le sujet lui-même du degré d'hypnose atteint est souvent assez erronée. Cela est souvent dû à l'attente de quelque expérience étrange, et, même quand des bienfaits thérapeutiques ou des suggestions post-hypnotiques sont présents pour preuve de la réalité de l'hypnose atteinte, certains sujets s'entêtent parfois à assurer qu'ils n'ont absolument pas été hypnotisés.

Ces deux obstacles — sous-évaluation des progrès et attente d'une expérience extraordinaire pendant la transe — peuvent être évités si l'on s'oblige à aborder sans a priori l'évaluation des progrès accomplis. Eviter les commentaires négatifs tels que : « Je ne fais pas ceci comme il faudrait », ou : « Je ne fais aucun progrès », permet d'y parvenir.

Il est de fait que l'état de transe peut varier dans d'énormes proportions selon l'attitude mentale et émotionnelle du sujet au moment de la séance d'hypnose. Durant la séance, il se peut que celui-ci se libère de tensions musculaires ou émotionnelles, et qu'il paraisse agité. Il lui semblera alors peut-être qu'il n'accomplit pas de progrès, alors qu'en réalité il a franchi un pas important et positif dans le sens de la relaxation, de l'équilibre affectif, et de l'état de transe. A l'opposé, le sujet peut aussi simplement se décontracter et se laisser couler paisiblement dans une agréable léthargie. Pour éviter de se laisser influencer par les « hauts » et les « bas » que l'on rencontrera peut-être au long des séances, il est sage d'éviter tout commentaire négatif et de concentrer son attention sur la régularité du travail de suggestion.

L'état de transe est toujours caractérisé par une impression de détachement du monde, mais cela n'implique pas de perte de conscience. Le contrôle par la volonté n'est jamais perdu pendant la transe autohypnotique. S'il y a perte du contrôle conscient, on n'est plus en autohypnose, et le sujet dérive alors vers un état de transe plus profonde qui se transforme aussitôt en sommeil ordinaire, duquel il s'éveillera normalement. La durée de son endormissement dépendra de sa fatigue, de son installation plus ou moins confortable, des stimulations extérieures et des suggestions d'éveil qu'il se sera faites avant de commencer la séance.

Il est fort ardu de décrire les états mentaux et émotionnels, mais nous pouvons nous faire une idée de ce qu'est réellement la transe en examinant un peu plus précisément ce qui se produit quand nous nous assoupissons.

En fait, nous ne passons pas d'un seul coup d'un état pleinement éveillé à l'inconscience ... bien que nous donnions parfois l'impression de sombrer brusquement dans le sommeil. En réalité, juste avant de perdre conscience, nous passons transitoirement par ce qui, en psychologie, s'appelle un état hypnagogique. De même, au réveil, nous traversons un état similaire appelé qualifié d'hypnopompique. Ce sont là deux états de type hypnoïdes, mais leur durée est si brève que normalement nous n'en avons aucun souvenir.

On se met en état de transe autohypnotique en plongeant loin sous la surface, sous le niveau superficiel de notre esprit, en s'abstrayant du monde extérieur jusqu'à parvenir à proximité de cette frontière qui sépare le conscient de l'inconscient, pour s'y maintenir en suspens, comme en équilibre, dans cet état de détachement qu'est la trance.

Tout l'art consiste à rester mentalement immobile, en équilibre, sans remonter à la surface (car alors nous perdrions l'impression de détachement) ni sombrer trop profondément (car alors nous perdrions le souvenir de l'expérience). Dans cette situation, avec de l'entraînement, on réussit à maintenir le lien avec le monde extérieur. Lorsque nous sommes dans cet état de conscience, notre Intellect et notre Volonté restent à disposition, prêts à être utilisés si nous nous en donnons la peine. Si nous restons en toute tranquillité suspendu dans cet état de transe, nous sommes dans ce que Krishnamurti appelle l'état de « conscience non engagée ». Si nous utilisons l'autohypnose de façon positive, nous permettons le passage dans notre esprit de suggestions, éventuellement de prières. Je dis *permettons*, car nos suggestions sont l'expression profonde de nos besoins, de nos espoirs, de nos désirs, l'expression du plus profond de notre être.

Il peut sembler paradoxal que nombre de ceux qui désirent apprendre à s'autohypnotiser ont déjà été, de fait, hypnotisés sans le savoir ; je veux dire que leur objectif véritable en apprenant l'autohypnose est de se soustraire à l'influence *hypnotique* de quelque idée ou émotion négative.

Des suggestions négatives placées dans l'esprit d'un homme ou d'une femme par quelqu'un d'autre peuvent gâcher leur vie entière, et il arrive fréquemment que les gens n'aient pas conscience du fait que leurs difficultés sont le résultat de suggestions posthypnotiques survenues par suite d'un choc ou d'un accident. Il ne faut pas oublier que des idées et des suggestions négatives peuvent très bien être imprimées dans l'inconscient d'un individu sans l'induction d'un état de transe, et qu'en outre la victime peut fort bien n'en pas conserver le souvenir.

Un exemple typique de ce phénomène me fut rapporté par une femme qui, après la mort de sa belle-mère, s'était résignée à une vie solitaire où travail et soucis avaient la plus grande part. Durant son enfance sa belle-mère n'avait cessé de la critiquer, lui disant qu'elle était laide et stupide et qu'aucun homme ne voudrait jamais d'elle. Au décès de sa belle-mère elle resta seule, en proie à ses craintes et ses sentiments d'infériorité. Elle avait virtuellement subi un lavage de cerveau.

A sa façon elle cherchait les moyens d'en sortir, sentant comme une barrière invisible autour d'elle, qui l'empêchait de mener une vie normale. Un soir qu'elle assistait à une conférence de psychologie, le conférencier se livra à quelques expériences d'hypnose. Etant particulièrement suggestible, elle réagit à ses suggestions et se retrouva en état d'hypnose. L'hypnotiseur lui dit qu'elle se sentirait sûre d'elle, et pour la première fois de sa vie elle se sentit enfin dégagée de sa peur et de ses sentiments d'infériorité.

Elle quitta la conférence avec le sentiment qu'une nouvelle vie s'ouvrait devant elle. Hélas, sa toute jeune confiance en elle ne dura que quelques jours. Cependant, elle avait appris qu'il était possible, ne fût-ce que pour un moment, de se débarrasser de ses peurs ; elle résolut donc d'en apprendre le plus possible sur l'hypnose. Elle tenta d'entrer en contact avec le conférencier, mais ses lettres restèrent sans réponse. Elle commença donc à lire tout ce qu'elle pouvait trouver sur le sujet.

Elle m'écrivit pour me raconter ce qui s'était passé lors de la conférence, et me demander de lui apprendre à s'autohypnotiser. Je lui montrai comment induire en elle un état de transe, et lui expliquai comment effacer l'effet du conditionnement qu'elle avait subi et se bâtir une nouvelle vie.

L'expérience de cette femme est caractéristique d'une « déshypnotisation »... Elle était en fait passée par quatre stades différents de conditionnement hypnotique.

Le premier de ces stades était le conditionnement négatif qu'elle avait subi de la part de sa belle-mère, qui ne cessait de lui répéter qu'elle était bête et maladroite. Il n'y avait pas eu induction d'une transe en bonne et due forme ; cependant, toutes ces suggestions négatives s'étaient imprimées si efficacement dans l'inconscient de l'enfant qu'elle était que toute sa vie elle avait, à l'instar d'un hypnotisé, suivi les suggestions posthypnotiques que sa belle-mère lui avait dictées. Ses sentiments, ses actes, sa vie étaient tels que sa belle-mère les avait prévus. Elle était, de fait, devenue celle que sa belle-mère avait prédit qu'elle deviendrait.

Le second de ces stades fut le moment où les sentiments de confiance en elle suggérés sous hypnose par le conférencier avaient momentanément balayé l'influence négative de la belle-mère.

La troisième phase survint lorsque, au cours de mon enseignement, je l'hypnotisai moi-même.

La quatrième phase intervint lorsque, ayant appris à s'hypnotiser elle-même, elle se mit à utiliser cette technique pour effacer toute trace du conditionnement négatif qu'elle avait subi durant l'enfance, et à exprimer sa vraie personnalité.

J'ai pris la décision de relater ce cas dans le but d'attirer l'attention du lecteur sur le fait que, selon toute probabilité, la plupart des suggestions hypnotiques ont pour objet d'effacer des habitudes, des attitudes, des idées, des émotions négatives ou destructrices, et de DESHYPNOTISER le sujet afin de le soustraire à des influences qui l'empêchent de mener une vie plus épanouie.

Le lecteur aura sans doute compris que, si sous hypnose (ou sous l'influence d'un enregistrement hypnotique), on suggère à quelqu'un l'idée qu'à l'avenir il sera capable de s'autohypnotiser, il pourra effectivement le faire. Ceci est un raccourci surprenant. Néanmoins, l'apprentissage de l'autohypnose ne se limite pas au fait de se laisser hypnotiser et de recevoir de l'hypnotiseur des suggestions posthypnotiques.

Il est certes possible d'apprendre l'autohypnose de cette façon, mais je ne vous conseille pas de le faire sans avoir acquis au préalable quelques connaissances sur la question. L'autohypnose est une arme puissante, et son pouvoir peut, comme tout pouvoir, être utilisé à mauvais escient. Aux mains d'un individu qui ne se connaîtrait pas, l'autohypnose serait comme une voiture de course entre les mains d'un conducteur débutant. J'ai eu l'occasion de voir un exemple de cette mauvaise utilisation chez un homme qui réagissait fortement à l'hypnose : c'était un mécanicien qui avait reçu de la soudure en fusion sur le pied. Il s'était convaincu par suggestion que son pied ne lui ferait pas mal et qu'il n'y penserait plus. Il réussit effectivement à éliminer la douleur, mais pour avoir passé outre à l'avertissement de la nature se retrouva avec un pied gravement blessé. Je n'insinue pas, bien sûr, que tout le monde pourrait être aussi imprudent que lui, mais ceux qui étudient l'autohypnose se doivent d'apprendre à quoi et comment utiliser le pouvoir qu'ils acquièrent.

En apprenant à s'autohypnotiser, on développe une certaine coordination entre des processus mentaux et émotionnels, un peu comme on développe son corps par l'exercice physique. On acquiert un savoir-faire qui appartient au domaine du psychologique et non plus du physique. L'aptitude à se plonger en soi-même pour atteindre une transe même légère n'est pas une sorte de « truc » psychologique mais une compétence qui, comme les autres, s'améliore par la pratique.

Il n'y a aucune raison de ne pas faire appel à l'aide d'un hypnotiseur, mais il faut se souvenir que, si l'on a acquis la faculté de s'autohypnotiser grâce aux suggestions posthypnotiques d'une autre personne, on doit faire suivre cette initiation (si je puis l'appeler ainsi) de séances quotidiennes, pratiquées régulièrement, pour enraciner cette habitude et se l'approprier avant que les suggestions posthypnotiques ne s'estompent, ce qui aura tendance à se produire si l'on ne se livre pas pendant quelques semaines à un entraînement à l'induction de l'état de transe.

La démarche la plus sûre et la plus saine serait de s'entraîner de la façon décrite dans les pages que l'on vient de lire ; mais si, pour une raison ou pour une autre, les progrès semblaient trop lents et que l'on pût disposer de l'aide d'un hypnotiseur, il n'y aurait aucun inconvénient à y recourir.

Je me suis abstenu, dans toute la mesure du possible, de faire référence à mon expérience personnelle, mais je crois qu'il peut être utile de mentionner le fait qu'au cours de mon apprentissage de l'hypnotisme j'ai vécu environ neuf ans en Afrique et aux Indes, où j'ai rendu visite à de nombreux médecins, sadhus et guérisseurs indigènes qui tous pratiquaient ce que je crois être diverses formes d'hypnose. En Inde ces techniques sont connues sous le nom de moorchana shastrum ou vashee karana vidya. Dans le monde arabe elles sont connues sous le nom de Tanweem, et presque partout où je suis allé j'ai rencontré des formes d'hypnose ou d'autohypnose.

On n'explique pas cet étrange phénomène psychologique en lui donnant seulement un nom, comme l'a fait le Dr Braid lorsqu'il l'a appelé hypnose — pas plus que l'on n'explique l'électricité ou l'énergie atomique en les nommant. Nous pouvons observer leurs manifestations. Mais la clef du mystère nous reste inaccessible.

J'ai découvert au cours de mes voyages que la plupart des méthodes de guérison exigeaient de la part de ceux qui demandaient de l'aide la croyance en un saint, un Dieu, une sainte relique, une icône ou un sanctuaire, et dans bien des cas les dévôts accédaient à un état de transe. Toutes les religions dispensent des guérisons à certains de leurs fidèles... Mais il apparaît que plus le sens critique se développe, plus la faculté de s'adonner sans réserve à cet acte de foi diminue. Il semble que le développement de la raison affaiblisse la foi, et que, pendant un temps, il ne mette rien à sa place. C'est à mon avis une étape inévitable du développement. Mais je crois aussi que cette époque où nous vivons est celle de l'aube des Sciences de l'Esprit. Au tout premier rang (et, ce qui ne gâte rien, à la portée de quiconque désire explorer ces domaines qui s'ouvrent à nous), se trouve l'autohypnose. C'est une foi indépendante ... elle ne vous demande rien d'autre que le courage d'explorer de nouvelles techniques et d'être sans a priori.

CONSEILS ET RAPPELS UTILES

CONSEILS ET RAPPELS UTILES

N'ayez ni doutes, ni craintes sur la façon dont vous « reviendrez à vous », dont vous vous « réveillerez » à l'issue de l'un des états de conscience que vous aurez induit — quel qu'il soit. Avant de commencer vos exercices, appréciez le temps dont vous disposez — dites-vous simplement : « J'ai une demi-heure à consacrer à ceci » (ou plus, ou moins, selon le cas). Bien qu'en apparence cette pensée ait quitté votre esprit, elle y demeure latente, et vous fera signe le moment venu. Si jamais votre conscient oubliait l'heure, votre subconscient vous la rappelerait.

Lorsque vous vous entraînerez à l'autohypnose, que l'idée d'entrer dans une transe très profonde ne vous inquiète pas. Si par hasard ceci se produisait, sachez que c'est une expérience qui ressemble un peu à celle de l'endormissement. L'état de transe profonde se transformera en sommeil ordinaire, duquel, après une brève période de repos, vous vous réveillerez de façon parfaitement normale.

Les meilleurs moments pour se livrer à l'autosuggestion sont le moment où vous venez de vous réveiller, et juste avant de vous endormir. En général, les suggestions que l'on se fait à soi-même sont moins efficaces quand notre niveau d'energie est bas, quoique nous soyons alors plus susceptibles aux suggestions venant d'autrui. Pour s'entraîner efficacement il est bon de procéder de façon régulière, en consacrant chaque matin et chaque soir trois à quatre minutes à des suggestions constructives.

Si au cours de vos premières séances vous prenez conscience d'un certain nombre de tensions ... que cela ne vous perturbe en aucune manière. Ceci fait partie du processus normal de relaxation. Les tensions refoulées doivent trouver une issue, certaines cèdent d'elles-mêmes mais d'autres se déchargent brusquement lorsque la volonté est mise en veilleuse et que vous vous laissez aller. Si un muscle se contracte ou si vous vous sentez vaguement agité, pour autant que vous puissiez faire abstraction de ces tensions qui remontent à la surface, dites-vous : « Je suis content de me débarrasser de ça », et poursuivez votre exercice. Des tensions peuvent ainsi continuer à surgir pendant quelques séances, mais elles disparaîtront bientôt.

Il est essentiel que certaines de vos suggestions visent à la suppression d'attitudes négatives apparues à la suite d'un échec ou d'une déception. Jour après jour, incorporez dans vos suggestions diverses idées destinées à vous convaincre que vos exercices porteront peu à peu leurs fruits. N'oubliez jamais que la douleur et la fatigue sont des signaux envoyés par la nature pour attirer notre attention. Il ne faut pas utiliser l'autosuggestion pour éliminer ces signaux tant que l'on n'a pas découvert leur cause. Ne supprimez pas ces symptômes que sont la douleur et la fatigue tant que vous n'avez pas la certitude qu'il n'y a pas d'inconvénient à le faire. FACE A UN SYMPTOME SUSPECT OU UNE DOULEUR PERSISTANTE, DE-MANDEZ TOUJOURS UN AVIS MEDICAL.
Répétez-vous des suggestions lorsque vous êtes pleinement éveillé. Répétez-les aussi rapidement que possible. Faites vingt nœuds sur un morceau de ficelle et emportez-la dans votre poche ou votre sac à main. C'est un bon moyen de vous faire penser à répéter vos suggestions ; en glissant un nœud entre le pouce et l'index à chaque fois que vous émettez une suggestion, vous pouvez l'utiliser pour compter le nombre de fois où vous répétez cette suggestion.

En pratiquant votre auto-observation, vous aurez remarqué que certaines phrases vous donnent de la force et du courage. Notez-les soigneusement. Peu importe qu'elles soient toutes bêtes, plates ou familières, telles que : « Heu-reusement que j'ai le sens de l'humour », ou bien : « Il y a des gens qui sont dans une situation bien pire que la mienne », ou encore : « J'en ai vu d'autres », voire : « Non, ça ne peut plus durer comme ça ». Des phrases toutes simples comme celles-là ont apporté à certaines personnes une aide considérable à des moments où elles en avaient désespérément besoin. Bien qu'elles ne s'attaquent pas aux causes profondes, ces suggestions sont précieuses parce que potentiellement correctrices, et parce qu'elles sou-tiennent le moral.

La durée des séances d'autosuggestion peut être relati-vement brève une fois que l'on a bien progressé grâce aux exercices. Ceci tient au fait que le temps requis pour se mettre en état de suggestibilité est raccourci, et que les tâtonnements ne sont plus nécessaires. Après qu'ils ont acquis l'habitude de se « laisser aller », de « déconnecter », certains pratiquants réussissent à atteindre une transe moyenne en quelques secondes. Lorsqu'on en est arrivé à ce stade, une à deux minutes suffisent largement pour les séances de suggestion. Auparavant, la majeure partie du temps se passe à apprendre comment induire cet état de suggestibilité accrue. Ceci représente environ les neuf dixièmes du temps que l'on consacre, dans les premiers temps, à l'apprentissage de la technique. Au départ, la quasi-totalité du temps est consacrée aux exercices de relaxation, ce qui laisse peu de temps pour le remède lui-même, mais lorsque l'on sait créer un état de transe ou de détachement, presque tout le temps est utilisé à graver des impressions.

Pour vous exercer à l'autohypnose et à l'autosuggestion, servez-vous du fait bien connu que, pour peu que l'on s'imprègne de l'idée que l'on se réveillera à une certaine heure le lendemain matin, on a bien des chances que ce soit le cas. Le meilleur moment pour cela se situe juste avant de vous endormir. La faculté de transformer ces injonctions en réalité effective s'accroît avec la pratique.

Lorsque vous vous autosuggestionnez, prenez votre temps, énoncez les suggestions à voix haute ou mentalement. Ces idées doivent submerger votre esprit et en exclure toutes les autres. Ne pensez pas, n'analysez pas, ne vous observez pas à ce moment-là : pas d'esprit critique. Tout le travail de réflexion et d'analyse devra avoir été fait au préalable. Enoncez et acceptez les suggestions que vous vous faites, avec conviction. Abandonnez-vous à la certitude que ce que vous dites est vérité, à tous points de vue. Plus vous pourrez vous abandonner à ces suggestions, plus la conviction que vous en retirerez sera forte.

L'autohypnotisme et l'autosuggestion ne sont que les moyens d'une fin, celle qui consiste à établir les habitudes nécessaires à une vie saine et équilibrée, une vie qui doit être vécue, décidée et organisée par chacun en pleine conscience.
Si, en cours d'exercice, vous désirez pour une raison ou une autre suspendre les opérations, n'hésitez pas, ne soyez pas indécis. Interrompez franchement votre exercice et remettez-le à plus tard en faisant clairement intervenir votre volonté. Cette action nette de votre part vous évitera d'être affecté par des suggestions négatives, comme cela aurait pu être le cas si l'exercice avait été poursuivi de façon décousue, et avait dégénéré en essai fait presque à contrecœur.

Ayant lu l'ensemble de ce livre, le lecteur est maintenant invité, s'il ne l'a pas déjà fait, à mettre en pratique ce qu'il a appris. En plus des exercices, nous lui conseillons de relire de temps en temps ce manuel. En effet, à chaque relecture vous apprendrez de nouvelles choses, qui ne vous étaient pas apparues à première lecture.

Jour après jour, consacrez le temps que vous pouvez à un programme de séances régulières d'autosuggestion... d'examen de soi attentif... de réflexion sur les changements ou les compléments à apporter aux suggestions que vous vous faites... de nouvelles séances incluant ces modifications. Vous observerez des transformations en vous. Une vie en pleine transformation ressemble à un jardin. Les changements sont parfois lents et imperceptibles, parfois brusques et saisissants ; mais qu'ils soient lents ou rapides, ces changements varient en fonction des cas individuels. Il est possible de se guérir d'un ulcère à l'estomac, mais le remplacement des tissus demande du temps. Vous découvrirez des obstacles cachés, vous prendrez conscience de ce que vous vous créez vous-même des difficultés, mais vous découvrirez de même comment résoudre ces difficultés, par des moyens auxquels votre esprit conscient n'aurait jamais pensé. Bientôt vous découvrirez que l'inconscient est le siège d'une bien plus grande sagesse que l'esprit conscient. Si en toute sincérité nous faisons appel à l'inconscient, ou à l'Inconnu, nous découvrirons bientôt que nous invoquons là des puissances capables d'opérer de réels miracles. La façon de les mettre en œuvre est des plus simples : nous devons accomplir des efforts sincères pour libérer en nous les puissances considérables qui sont à l'origine de toute vie. Si ce que nous nous efforçons d'accomplir est pour notre bien et va dans le sens des forces créatrices, celles de la vie elle-même, il ne s'écoulera guère de temps avant que, avec l'aide de ces forces, nous ne jouissions d'une vie harmonieuse.

Il importe de garder présent à l'esprit le fait que des circonstances imprévues peuvent venir perturber ou bouleverser l'organisation que vous aviez mise en place pour vos séances d'entraînement. Si vous vous heurtez à des déceptions momentanées de cet ordre, il faudra vous souvenir que désormais vous n'abordez plus vos difficultés avec la vision simpliste de celui qui s'imagine qu'il doit soit « réussir » soit « échouer », mais bien avec la vision élargie de quelqu'un qui a conscience de ses limitations, et les surmonte en choisissant en toute connaissance de cause des suggestions propres à déterminer son état d'esprit et ses actes dans le sens qu'il veut, plutôt que de laisser le hasard et les circonstances les déterminer à sa place. Armé de cette pensée, que vous importent les échecs passagers, dès lors que vous atteignez votre objectif final ?

Au début de ce livre, j'écrivais que quiconque se trouve renvoyé à ses ressources personnelles pour résoudre un problème ou une vaincre une maladie sort de l'épreuve (après qu'il a trouvé sa voie) bien plus fort qu'il ne l'était auparavant.
La croyance et la foi nous soutiennent dans les moments difficiles, mais en raison de la complexité de certains des problèmes auxquels nous sommes confrontés aujourd'hui,

notre foi a besoin d'être renforcée par l'intelligence. L'homme dompte les forces de la nature par la connaissance qu'il a des lois du monde extérieur. De même, nombreux sont ceux qui guérissent des maux psychosomatiques, résolvent des conflits et développent leurs potentialités grâce à leur connaissance des lois qui gouvernent notre vie mentale et émotionnelle.

Point n'est besoin de comprendre ce que sont la pensée et l'émotion, pas plus qu'il n'est nécessaire de posséder la connaissance de ce qu'est l'électricité pour mettre son énergie à notre service. Ce livre expose une méthode permettant d'apprivoiser l'énergie mentale et émotionnelle qui est en nous pour la rediriger de telle sorte qu'elle puisse retrouver son cours naturel, et qu'ainsi il nous soit donné d'atteindre au bien-être physique et à la paix de l'esprit.